掌握人生希望的40把鑰匙

台大哲學系教授 傅佩榮◎著

自序

在希望中振作

◎傅佩榮

所謂希望，大都是別人示範的或別人提供的，我們也因而習慣了向外尋找希望。希望之於人，有如太陽之於大地。沒有陽光，大地一片漆黑，沒有希望，人生何去何從？但丁在《神曲》中如何分辨天堂與地獄呢？他在地獄門上寫下一行字：「進入此門者，放下你的希望。」

同樣的，人間不是地獄，因此我們的一生都要努力與希望同行。當我們向外尋找希望的目標時，別忘了希望的源頭活水依然在自己身上，在自己心中。人的心十分神妙，具備三種能力，就是：知、情、意。因此，首先要知道自己是獨特的，值得好好栽培與修練，讓潛能充分施展開來。其次要懂得欣賞及喜愛自己，推而至於尊重及關懷別人，使世間充滿溫暖的情意。然後，要體認生命的自覺與自主，發揮自由意志以實現各種價值，使世界因為我的存在而更為美好。

心是福田，只要你認真耕耘，它隨時會開出希望的花朵。基於這樣的信念，我們可以依序思索如何做到以下幾點：找到自己的價值，突破人生的困境，調節情緒與壓力，開創自己的機會，實踐理想的人生。

事實上，只要開始思考，希望之苗就準備破土而出。藉著這本書，我願與年輕朋友一起迎向燦爛的陽光。

目錄

contents

1 找到自己的價值

第一把鑰匙

讓自己的生命「值得」

人生很多時候是以自然的方式在生活。一個社會像一部機器一樣，發電之後，有一個運作的方式，你就順著它下去，但是不要迷失自己。永遠要清醒的記得：什麼是我真正所要的？什麼是我真正想追求的？雖然處在群體社會中，總是尋求一種能與眾人妥協、共同接受的、最簡單的生活方式；但是做一個人的話，僅是如此是絕對不夠的。有些時候將會發現，如何在生命的「量」裡面，使生命的「質」增加，這才是人生主要的任務。

如何使生命的「質」增加呢？就是讓自己在這一生裡有更多的時候，用清醒的意識與追求的意志，使生命中的每一次決定都是自己真正願意要的，這種決定將會構成生命不同的場面。於是在反省這一生的時候，會發現真正全力以赴去決定的事情，就像一座山峰，永遠不會離開視線。如果這一生都是跟著別人走的話，就像一個平坦的原野，或是「船過水無痕」，沒有痕跡留下來，最後將會覺得這一生太不值得了。

生命的質，要靠清醒的「意識」與追求的「意志」。永遠要清醒的記得：什麼是我真正所要的？

第二把鑰匙

正確的自我評價

「比上不足，比下有餘」真是一句妙語。由於比上不足，人會激起發憤圖強、努力上進的心志；由於比下有餘，人會產生安詳和諧、自

得其樂的心情。但是從反面來看，這句話的效果就不同了：「比上不足」可能使人怨天尤人，甚至自暴自棄；「比下有餘」可能使人故步自封，甚至驕矜自滿。古往今來，絕大多數的人都在這上下兩限之間。

以孔子為例，他說「我非生而知之者」，又說「吾少也賤，故多能鄙事」，這是比上不足的一面；他也說「天生德於予」，以及「不如丘之好學也」，這是明顯的超人一等。假使人人對於自己的才具都有類似的體認，那麼為什麼有的成功、有的失敗呢？這就是態度取向的問題。

悲觀的人說：「完了，只剩一塊錢！」樂觀的人說：「好呀，還有一塊錢！」同樣一個人，可以活得多彩多姿，也可以活得黯淡淒涼；這不是其他原因，而是正確的自我評價所帶來的積極效果，奠下了成功的基礎。所謂「心理建設」即是此意。

人的自我評價，從認清現狀開始。假如老是抱怨自己的眼前處境，

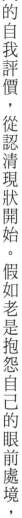

不僅於事無補，而且浪費精力。那麼如何認識自己的現狀呢？

一個失業工人流浪街頭，灰心喪氣，覺得自己一無是處；忽然他看到一個人微笑地向他打招呼，這個人雙足殘廢、撐著枴杖，辛苦地走過街道。工人突然領悟一些什麼，回家後寫下座右銘：「假使我因為沒有鞋子而自怨自艾，那麼沒有腳的人怎麼辦呢？」

有個在海上發生船難的人，當他在太平洋漂流了二十一天獲救後，衷心的表示：「我這一生，只要還有清水可解渴，有麵包可充飢，就不應該再有任何抱怨了。」

當我們因著生活中種種的不順心而抱怨時，不妨想一想處在自由民主社會的我們所擁有的、所能做的，以及我們所是的一切，將會發現自己有好多需要感謝的事。快樂是隨時伺候在我們身邊的，問題只出在如叔本華所云：「人總是奢望他所沒有的，而不去想想他已有的一切。」

強森（S. Johnson）說得好：「人生只有兩個目標：取得你所要的，以及享受你的所有的；但是只有少數智者才能達到第二個目標。」

自我評價的第一步，就是了解自己的處境，接受它、欣賞它、享受它，然後看看自己的潛力能夠如何發揮。活得快樂，是對得起自己的起碼條件，也是成功者的基本表徵。

第三把鑰匙

認清自己的特質

一個人若是不了解自己的話，怎麼去安排人生？又要何去何從呢？

我們不妨用一個具體的方法來認識自己。一個人所有的一切，大致可分成下述四欄十六項，接著從這項列表中問自己：我「有」哪些特色？我「是」什麼？「我有的」與「我是的」，怎樣結合在一起？然後要問自己：「如果把這項條件拿掉，我還是我嗎？」

最後將會發現，有一兩個，甚至兩三個條件是絕不能拿掉的，若是拿掉的話，就不是自己了，而那正是自己所與眾不同的特質。

第一欄裡面有四項：「年紀、外貌、聰明、健康」。其中的外貌除了代表外在的具體條件外，也包含親和力。

第二欄是「家世、教育、專長、職業」。一個人有什麼家世、什麼家庭背景、什麼教育水準、什麼專長、什麼職業？這是第二欄所談的。

第三欄是「財富、名聲、地位、權力」。第三欄比較適用於已進入職場奮鬥一段時間的社會人士。這時通常已累積了某些財富、名聲、地位和權力。

第四欄是「朋友、社團、志趣、信仰」。

這四欄十六項，是一般性的指標，可在列表中寫出具體的內容。然後開始自問：把年輕或年紀去掉，我還是我嗎？當然是，因為人會老，所以年輕絕對不是自己主要的憑藉。那麼，把外貌或是美麗去掉，我還是我嗎？絕對是，因為人不能永遠美麗。然後健康也是一樣，沒有人會永遠健康。那麼聰明呢？是不是比較重要？

聰明很重要，我願意多補充一點。美國密西根大學一位教授巴斯，曾花了五年的時間，安排五十位研究人員調查全世界三十三國的男女，對於自己伴侶所要求的條件。結論有兩項是全世界都一樣的。第一，所有的男性都喜歡他的配偶比較年輕，比較有吸引力；而所有的女性都喜歡她的男伴比較成熟，年齡較長，經濟能力較強。這是全世界很普遍的觀點。

這項調查要注意的是第二項，就是所有的人不管男孩、女孩，都認為他的伴侶有三個條件很重要：溫柔、體貼和聰明。不過溫柔與體貼，坦白說根本是相對的，有些人對張三很溫柔，對李四卻不溫柔。體貼也是一樣，對你體貼的，對他未必體貼。所以這種相對的條件，根本沒有標準可言。聰明則比較有點標準。

聰明是一種天生的品質，這種品質可以經由後天再磨練，使它增強。譬如聰明可以表現為對某些事物的敏感度，這敏感度是可以訓練的，使人逐漸對某些特質、某些事理、某些想法敏感。這種敏感表現出來之後，就能增強個人的生命創意。

第二欄，家庭背景是靠不住的。在小學、中學時期還有點幫助，大學之後很少人會去注意個人的家庭背景如何了。至於教育、專長與職業，哪個比較重要？職業可以改變，教育比較重要，由教育所培養的專長則是最重要的。

第三欄裡，權力是靠不住的，譬如每隔幾年就要選舉，選舉之後就有另外一批新的政治人物出來了，再過幾年後，又換另一班人，所以權力不可靠。地位呢？比較穩一點。名聲是會起落的，所以名聲也不易把握。財富未必靠得住，不過對現代人來說，有錢之後，會比較放心。

第四欄裡面呢？「朋友、社團、志趣與信仰」，這四項都非常重要。一個人不能沒有朋友，不能沒有真正的好朋友。當你得意的時候，可以說不需要靠別人；但是不要忘記，沒有人是永遠得意的。當你習慣得意之後，得意也會變成失意，因為你沒有更得意。而這種得意在與別人相比的時候，又算什麼？雖然自覺很得意了，但是比起某某人來，還是不行。所以我們都需要朋友，朋友在你得意時，不一定與你分享；但在你失意的時候，一定會與你分擔。並且，朋友是一面鏡子，可以反觀出來我是什麼樣的人，所謂的「氣味相投，物以類聚」正是這個意思。

至於社團，包括學校裡的社團，或是某個宗教團體的活動。社團本身有什麼樣的宗旨，是很重要的。社團若只是靠出錢就可以參加，那個社團不重要。如果是宗教方面的社團，就有明確的宗旨，在那裡可以發現自己對這方面的基本態度。至於志趣，是指自己的終身目標，這一生期望完成的理想。信仰指的是自己對於整個生命、宇宙、人生、超越界的一種認定、一種信念。

我們把這些都列出來以後，接著就要自問：「去掉這一項，我還是我嗎？」當非必要的條件一一刪除後，我們將會發現，有一兩項是不能去掉的，那麼就要從這一兩點去認識自己，進而開發自己的特質。

第四把鑰匙

抓住生命的關鍵時刻

羅馬皇帝奧雷流士說過：「不要滿不在乎的過日子，好像你可以活一千年似的。」人生終究是有窮盡的，但是隨著既定的軌跡往前走，周而復始，年復一年，也可以活得不知老之將至。

然而，總有一些關鍵時刻，會使人驀然驚醒，思索較為深刻的問題，比如：我這一生到底是為了什麼？我正在實現自己的理想，還是遺忘了自己的原本面貌？這些問題幫助我們修正人生的航線，增強生命的密度，察覺自己的獨特與可貴，並以全新的勇氣迎向未來的挑戰。

德國哲學家雅士培探討這樣的關鍵時刻，稱之為「界限狀況」，就像一個人走到懸崖邊，前無去路，必須認真的進行反省。這種反省不是枝枝節節地針對自己所做的某一件事或所說的某一句話，而是以全盤的視野，直探生命的意義。

藉由「界限狀況」，人的自我得以擺脫各種遮蔽與屏障，清楚的展現出來。大體上，界限狀況可以分為生理、心理和精神三個層面。

一、生理層面的界限狀況。譬如，疾病使人不得不承認身體的脆弱與生命的限度。沒有人願意生病，但是生病如果能讓人沉思，想通一些人生哲理，進而珍惜病癒之後的時光，則未嘗不是一種收穫。死亡是人的大限，可惜的是，當我們看到或聽到「別人」死亡的消息時，很少想到「自己」也是會死的，即使想到，也盡快將它拋諸腦後。如果死亡是人類的大敵，那麼，不去面對它，又怎麼戰勝它呢？如果死亡是人類的命運，那麼，對它採取正確的態度，才能顯豁人生的意義與人格的尊嚴。

二、心理層面的界限狀況。例如有些人在學生時期，充滿理想與抱負，對社會的不公不義嚴詞批判，嫉惡如仇，令人覺得既可敬又可愛；但是考試時，偶然會有作弊的念頭；離開學校，進入社會之後，也偶然會禁不住濫權或貪財的念頭。這時，就面臨心理上的界限狀況了。他必須正視罪惡的誘惑與人性的弱點，承認內心也有黑暗的一角，然後以更大的警惕心督促自己。

我曾經問過學生一個殘酷的問題：如果你是個高級政府官員，我相信一萬元、十萬元，甚至一百萬元都不能賄賂你；但是，一千萬元、一億元、十億元呢？只要你終究能被賄賂，你的人格就無法傲然挺立，你的名譽就會蒙上汙點。

不過，若非試煉當前，誰知道自己的能耐有多大呢？蜀漢劉備說：「勿以惡小而為之，勿以善小而不為。」就是勉勵人在小事上自我磨練，在每一次內心遭遇矛盾、衝突、痛苦時，就要把握機會反省，認清自己的性格、能力、長處、短處，然後進行自我教育。

三、精神層面的界限狀況。譬如，我們從小就接受父母與師長的諄諄告誡，要求我們「行善避惡」，因為「善有善報，惡有惡報」。我們以此作為立身處世的原則，直到年紀稍長，知道社會上千奇百怪的現象，似乎並不符合這一原則。此時，心中難免疑惑：究竟人生的判斷標準是什麼？善惡難道沒有任何果報嗎？思考這些問題本身，就能使一個人逐漸成熟。至於答案，可以接受「不是不報，時候未到」，也可以肯定「但求無愧於心」，然後堅持走在「行善避惡」的正途上。通過這一層考驗，則人生意境自然開闊。

以上三種界限狀況是每一個人早晚都會遇上的，因此每一個人都有同樣的機會，可以展現自我，深入省思自我存在的方向與目標。生命的「質」勝於生命的「量」，活得長短，難免取決於一些外在因素，但活得踏實與否，則完全是自己可以決定的。

第五把鑰匙

突破習慣，改造生命

就像日出日落遵循一定的軌道，人也會發展出一套規則的生活方式，然後習以為常；這就是所謂的習慣。

習慣使人產生熟悉感與安全感，但是它也加深了人的惰性，使人居安而不思危，甚至浪費天賦的才幹，錯過難得的機會。

人生最可悲的事，就是習慣於失敗、習慣於認命、習慣於惡行、習慣於庸俗。因為，雖然人生充滿困難，難免有挫折與失敗，難免隨俗浮沉，但是人生的目的與終向卻絕非如此。我們絕不能讓這些消極的現象成為習慣，讓生命的試卷一片空白。只要舉目四顧，我們可以發現處處有人成功；同時捫心自問，我們也可以察覺自己內在有一股奮發上進的衝動。

因為，生命是可以改變的，習慣是可以突破的。

歡愉可以取代哀愁，成功可以取代失敗，富足可以取代貧困，信心可以取代怯弱，自由可以取代恐懼。但是，最重要的「取代」，則是以肯定內在的強大力量來取代因循苟且的不良習慣。習慣像一團繭，要突破它才能幻化為美麗的蝴蝶，才能再創造新起的生命。

許多偉大的發明家都是年輕人，因為他們尚未受困於習慣。但是年齡越大，要想脫離習慣的束縛就越困難。因此，養成良好的習慣極為重要。

所謂良好的習慣，像生活方面的固定運動與作息，可以保持健康的身體；像知識方面的吸收新知與認真思考，可以培養成熟的心智；像道德方面的勇於改過與日進其德，可以造就高尚的人格。人的身體難免隨著生理機能的變化而日漸衰老，但是人的心智與人格卻可不斷發展成長，達到完善的境界。

人生就像一齣戲，「扮演別人」比較容易，「扮演自己」卻是最難的事。許多著名的影視紅星在銀幕上無往不利，令人激賞，但是現實生活卻搞得一團糟，不忍卒睹。「扮演自己」的難點，是必須先認識、接受、肯定、欣賞自己，給自己機會，對自己有耐心，然後慢慢琢磨出一個「泥塑雕像裡的金人」，像希臘神話所描寫的。人生的確像一齣戲，但是它不是兩小時就演完的電影，也不是三十天就演完的連續劇，而是要我們每一個人去演一輩子的。這齣戲的結局要到人生落幕時才定案，這是何等神聖的挑戰，又是何等莊嚴的事件。人生的確值得我們全力以赴。

第六把鑰匙

建立自信的光輝

擁有自信心的人，往往散發吸引人的光輝。但是，自信需建立在清楚的自我認知，並對自我的形象有確切的了解。

心理學家佛洛美對於「正確的自我形像」提出以下的描述：

「正確的自我形像，就是恰當的自我觀念，既不自鳴得意、沾沾自喜，也不自我貶抑、怨天尤人；既不急著去探究自己，也不僅憑感覺去捕捉自我；樂意向別人求助，但是也充滿了信心。」

除此之外，在處世的態度上，「他自然得人緣，卻不想做一個交際名人；不悲觀，也不過分樂觀；他既非有勇無謀，也非全無恐懼；並非不會犯錯，可是也非一味犯錯：他有自知之明，自知並非任何時候都是出類拔萃，但也不是經常失敗……他善解人意，能夠關愛別人，常常是個好伴侶；他是某一方面的專家，有足夠的健康克盡自己的職責。」

這樣的人格實在是很親切、很實際，他可能一直就在我們身邊，也可能我們自己就是其中之一，或者我們正在努力成為這樣的人——一個充滿自信的人！

自重與自信稍有不同。自重是一個人對於自己的全面認識與肯定；自信則是對於自己從事某一專長、應付某一場合、表現某一技能的信心。

自重與人格的基本素質有關，自信則與天賦的知能才性較為接近。以最淺顯的例子來說，有些演藝人員才華出眾，深富自信，但是就他們作為一個「人」而言，卻不一定都能夠自重。這樣的自信是建立在沙灘上的房屋，等到「江郎才盡」時，自信也消失無存。

自重是自信的基礎。我們可以透過兩種方法來培養自重：

一、肯定自我。肯定自己的生命不是如黑夜裡的風帆，而是充滿目的與方向的。有目的就有意義，有方向就有進步，因此人生必須與時俱進，日漸改善。只要肯定自己是一個有價值的人，那麼在人生之路上就容易達成一個人格完整、溫和自持的君子理想了。

二、認清成敗。人生總有一些愉快的成功經驗，當然也免不了要面對痛苦的失敗經驗。所謂認清成敗，就是一方面常回憶成功的過程，以此勉勵自己再創佳績；另一方面對於失敗應該抱著正確的態度，就是「失敗過」並不等於「失敗者」，就如「做壞了一件事」並不等於「壞人」一樣。

沒有人是注定不能成功的。問題是：這個人必須先辨明「為什麼要成功」以及「如何可以成功」。

自重使一個人可以答覆「為什麼要成功」——因為我的意義要得到肯定，我的價值要得到實現。

自信使一個人可以答覆「如何可以成功」——因為具備這樣的知能才性，我能夠應付這樣的局面，我能夠接受這樣的挑戰。

第七把鑰匙

擬訂生涯計畫第一步：認識自己

人的生涯能夠由自己去計畫嗎？對於相信命運的人來說，任何計畫都是一廂情願，其最後目標只是「盡人事，聽天命」而已。人生的變數太多，表面看來人有無限的自由，問題是，究竟哪些變數會起作用，則無法清楚掌握，於是生命的歷程形同一張錯綜複雜的網，使人由困惑而茫然，終至承認自己盲目的受命運所宰制。

命運是盲目的嗎？人在命運之前，還有掙扎的餘地嗎？這一類問題並無太大的意義，除非我們先辨明：何謂命運？希臘哲人赫拉克利圖提供了一個重要的線索，他說：「人的性格，即是他的命運。」這是性格形成命運的論調。不必追問過去發生的事有無道理，不必想像未來一定如何，只須把目光放在的「我」身上，看看自己有何種「性格」，然後分析它與一般所謂的「命運」之間有什麼關係。結論將令人驚訝：原來命運是由性格所決定的。

然而，性格又是什麼？它是天生的，還是後天培養的？答案應在兩者之間。先天的氣質屬於「性向」，後天的修養帶來「風格」，人的「性格」正是兩者微妙的組合。因此，人可以了解自己的性向，培養自己的風格，繼而再扭轉自己的命運。

「認識你自己」，是古希臘刻在戴爾菲神殿上的格言。這句看似簡單，其實凝聚了千百年人類智慧的警語，直至今日仍然發出耀眼的光芒。

「我是誰？」這個問題的解答，繫於三個子題：我能夠做什麼？我應該做什麼？我願意做什麼？

在「能夠」方面，包括了天生的本能，以及學習的技能。譬如，若無受教育機會，可以去從事勞力工作維生；經過教育，則能力施展開來，各行各業都有機會。問題是：機會太多，如何選擇？就像學測填選志願一樣，使人困惑，因為我們無法確知自己的興趣。然而，這裡的關鍵正是：人的適應能力遠超過自己的想像，人的興趣是可以培養的。

光看「能夠」是不足的，還須配合「應該」。「應該」就要靠認清自己與環境之間的關係了。我可以在一個時代一個環境裡，扮演什麼角色？藉著這個角色，我可以充分發揮自己的潛力，並且對社會作出貢獻嗎？說得明確一點，生涯就是一個人實現「舍我其誰」之使命感的過程。當然，我們不需要表現特立獨行或驚世駭俗，但應期許自己「在平凡中體現不平凡」，把任何事情都做得盡善盡美。我正在做的事，就是我應該做的，不必好高鶩遠。

至於「願意」，則是在了解「能夠」與「應該」之後所作的選擇。這時想到的是：我可以把什麼事做得既順利又愉快？「順利」是成事，「愉快」是成己。生涯不能沒有工作，工作若是帶來快樂，則不虛此生。

一個人只有知道自己的限制，才能發揮自己的能力。坦白承認自己不懂的地方，才能夠全力做好自己擅長的部分。

第八把鑰匙

擬訂生涯計畫第二步：選擇正確的目標

擬訂生涯計畫之前，若先認清了自己與時代環境的關係，深切思索了「我能夠做什麼？我應該做什麼？我願意做什麼？」三個問題，接下來就要想一想目標。

人生不能沒有目標，否則生命的力量難以凝聚，也談不上任何成就。在選擇目標時，必須注意目標的三種特性：

一、階段性：如升學、謀職、成家、購屋等。在二十歲以前，是學習階段，大都以升學為目標。這時專心致志，汲取新知，如入寶山，不能空手而返。升學雖是目標，實質內容則是學習的心得，具體的應用則是踏入社會之後。如果認清升學只是一個階段，就不會對學習過程的小得失太過於計較了。

二、持續性：各個階段之間都有直接與間接的持續關係。如「學以致用」，就使升學與就業連在一起，這是理想的成果展現。就業之後，隨著經濟能力提升與人際交往擴大，則可與成家連上關係。越往後走，關係越複雜，目標也可能越模糊，甚至遺忘初衷，隨俗浮沉，以致談不上任何生涯計畫了。

三、終極性：不論我們曾經選擇過多少目標，也不論我們曾經堅持某一個目標多久的時日，最後還是會回到一個原點：我這一生究竟是為了什麼？這是在安身之時，尋求立命，進而追問生命的意義。如果忽略目標的終極性，生命難免像陀螺一樣，在原地打轉，既無統合的可能，也無提升的方向。換言之，我們應該隨著年齡的增加與經驗的累積，不斷開擴心胸與視野，提升自己所訂的目標。

在生命之流中，沒有巨石當道，是激不起飛揚的浪花的。人的無限潛能，也往往在面臨險阻災厄時，閃現驚人的異彩。

第九把鑰匙

擬訂生涯計畫第三步：採取有效的步驟

擬訂個人的生涯計畫，需要選擇正確的目標，而要實現目標，就應採取有效的步驟。步驟是否有效，必須檢視是否針對目標的特色來進行之外，還有兩項變數：一是外在的客觀條件能否配合，二是自己本身的努力是否足夠。我們可以完全掌握的，顯然只有第二項。

在個人努力的過程中，應注意三個要點：

一、態度要專注

要求自己一次只做一件事。把事做完，並不等於把事做好。如果同時設定太多目標，那麼別說「做好」，連「做完」也不可能。如果在小事上，不能做好，遇到大事時怎麼辦呢？什麼是大事？轟轟烈烈，觀瞻所繫，影響眾人的，固然是大事；但是平平靜靜，自己埋頭苦幹去完成的，也未必是小事。大事可遇而不可求，小事則常在手邊，只要都能做好，自然可寄以重任與厚望。

二、計畫要周詳

擬訂計畫，應考慮各種利弊因素。這是指達成目標之正面與反面條件而言。正如傑出的運動員，往往選擇適合自己體型與體能的項目去發揮。我們在考慮利弊因素時，不妨看看過去成功的人所具備的主客觀條件，然後自問是否也有類似的條件，千萬不可盲目拚命，或以為任何困難都可以憑著努力來克服。若是為著一個目標而投注自己不堪負荷的心力，甚至落到崩潰自殺的境地，那麼，再好的目標，又有什麼意義呢？目標是為了成全自我，絕不能本末倒置。

三、要接受考驗

天下沒有不勞而獲的事。努力之後所獲者，與其說是外在的成就，不如說是內在的肯定。有時，我們會受制於一些無法預料，也無法掌握的情況，導致最後不能品嘗勝利的果實。但是，我們不能單以事情的成敗來論英雄。只要一個人奮鬥過，他的內心必然經歷了成長，那麼即使未曾達到目標，也不能算是失敗者。人生的路途很長，「屢戰屢勝」是不必要的幻想，「屢敗屢戰」才足以顯示一個人主體的尊嚴與偉大。因此，所有的外在目標都應該環繞著一個內在目標——也就是人格的成長、堅強、自足，以及隨之而來的喜樂。

「我做到了」這四個字是生涯計畫的句點。內心世界的成長與充實，固然可以因為外在的成就而增添光彩，但是它本身自有一套品評標準。如果「得到世界、失去自我」，就是令人遺憾的悲劇。

因此，生涯計畫必須包括內在的評量，而這一點是所有的人可以共享的。「職業無貴賤，人格有高低」，正是人人平等的基礎。我們在擬訂生涯計畫時，如果能確實認識自己，又能選擇正確的目標，並採取有效的步驟，那麼結果一定是令人滿意的。

人的潛力，從生理到心理到精神，都有無限開發的可能。

對於個人而言，假使有自知之明以及恰當的自重與自信，又何必在乎別人的月旦是非呢？莊子所謂的「舉世譽之而不加勸，舉世非之而不加沮」，就是形容一個內在自得的真人，如何不受外界牽絆，平穩而踏實的走在人生途徑上。但是這種境界的大前提，必須要「認清自我」。

2 突破人生的困境

第十把鑰匙

讓每天充滿活力

「如果生命只剩三天，你會如何生活？」

面對這樣的問題，許多年輕朋友的答覆是：好好珍惜每一刻；勇敢對自己關懷的人說出藏在心裡的話；趕緊去做一直掛念著的事情；向認識的朋友道別，為今生的一切緣分而感恩。

這樣的反思提醒我們：不要心不在焉地過日子，應該充分掌握每一天。這種體認有助於我們用新的眼光看待人生。其實，即使是每天在做的事，也會由於時間的剎那生滅以及空間的相對移動（包括我與外界關係的互動），而形同獨特的。

譬如，我與一位相識多年的朋友見面時，雖然彼此非常熟稔，但是從上次見面到此刻，我們各自都增加了某些新的經驗，而發生在個人周邊的社會環境和事件更是變化萬千，既然如此，我們之間豈不是接近「一日不見，如隔三秋」所描述的情況嗎？若是在這段短短的分離時間內，發生大地震之類的天災或某種巨大的人禍，就不難想像什麼是「恍如隔世」了！

如果認清這一層，那麼必定會更珍惜彼此的交情，相處的品質自然也隨之提高了。但是，這種觀念同時帶來高度的警覺與壓力，容易使人陷於疲倦與困頓。換言之，若是缺乏深厚的內斂工夫，無法消化每日累積的情緒與感觸，就很難保持清新的心靈狀態，然後對於「每一次」的知覺也將陷於「差不多」的窠臼，走入昔日因循的老路了。

因此要讓自己對生活充滿活力，就可運用這種「第一次哲學」。首先，每天起床時，告訴自己：「這是我一生中最精采時光的第一天！」

一生中「最精采」的時光是什麼？如果你立即可以提出答案，就表示那是「往事只能回味」的一部分，也暗示你對未來不再抱有什麼太大的希望。也許你認為自己已經打過美好的仗，將來不可能超越過去所立的里程碑，因而採取務實與認命的態度，不敢再有雄心壯志。但是，別忘記人的生命擁有全方位的潛能，即使在體力與事功上抵達極限，仍然可以在心靈上進行無止境的開發。

人在一定年紀之後，才有辦法領悟內涵的價值。美國心理學家馬爾茲對內涵的描述大致如下：「將你的幸福與好運分享給別人；接受你的真實面貌，不再想去模仿別人；原諒別人也原諒自己過去所犯的錯誤；在自己也在別人身上看到優點，願意腳踏實地的生活下去；努力活出自己內在更好的部分，不斷提升自重的程度。」

所謂「自重」，是指尊重自己，亦即儒家所說的「狷者有所不為」的意思。「有所不為」的層次越高，表示一個人越有格調，但是不會以此自負與驕人。由此可見，「內在美」是一個實現正向潛能的結果，它使這個人活在良性的人際互動關係中，既能「與民偕樂」，也能「自得其樂」。具備內在美的人，到了任何地方都會展現生之喜悅。

總之，活得有勁，並非年輕人的專利，更不是「人不輕狂枉少年」的姿態，而是從珍惜有限時日開始，把每一次機緣看成「第一次」，進而把每一天當成「一生中最精采時光」的第一天。

生命的質，要靠清醒的「意識」與追求的「意志」。永遠要清醒的記得：什麼是我真正所要的？

第十一把鑰匙

擺脫逆境四步驟

人生有順境逆境，處於順境時乘風破浪，水到渠成；處於逆境時，舉步維艱，到處碰壁。沒有人能永遠一帆風順、心想事成，但處於逆境時，若能掌握以下四個步驟，則不但能解決坐困愁城的危機，更有助於個人的成長。

一、**抱持樂觀的心境**

首先，讓自己喘一口氣。既然不幸的事情已經發生，再多的怨言也無濟於事，那麼何妨先靜下來，想一想究竟發生了什麼事，並且提醒自己：「還好事情沒有更糟！」這也是荷蘭人的口頭禪。他們遇到任何逆境時，總是不假思索就脫口而出這句話，雖然感覺有些「阿Q」，但也不免佩服他們務實的心態。畢竟一個人若是不務實，就很難真正維持樂觀的心情。事件既然並未更糟，表示自己算是「幸運」了，那麼何必沮喪呢？

二、藉機反省，拓展視野

凡事有因必有果。若已遭遇不幸，又不能從中獲取教訓，豈不是等於雙重的損失？先冷靜反省事件的因果關係，進而學到一些做人處事的道理。所謂因果關係，是就「一因生多果，多因生一果」的模式去省思。這種因果不是個人可以單獨決定的，但任何事件都將拓展我們的視野，使我們在往後的日子中，能以更寬廣而完整的觀點，來理解自己周遭所發生的事情。

三、敞開心胸，打開心結

接著，試著以局外人的角度看問題。我們每天從各種媒體網路上，接收到國內國外的天災人禍，幾乎是「層出不窮」。但看多了類似的報導，會有見怪不怪之感，這種心情就是「局外人」的特色。焦點拉回自己身上，應該如此思索：我碰到了不幸，在別人（與自己沒有直接交往關係的千千萬萬人）看來，不正是無數新聞訊息中的一件嗎？對別人而言，不正是見怪不怪的材料之一嗎？既然如此，何不敞開心胸，從別人的角度來看待自己的處境？那麼鬱積的心結，不就可以紓解了嗎？這當然是很難做到的事，因為其中蘊涵了高度的修養成分。不過，若不能藉這個機會提升自己的修養，又待何時呢？

四、從中體驗更深的智慧

人世間再大的不幸，最後一切也將復歸於平淡。人生的界限是死亡，死亡這道門檻是既公平又殘酷的，因為每個人都難免一死，而且每個人面臨死亡時，也都不得不放下一生的所有。於是，在活著的時候擁有愈多的人，愈不易面對死亡大限；反之，在生前飽受折磨的人，就視死亡為解脫了。在這兩種極端之間，我們站在何處？若能讓自己因而獲取智慧與解脫，不正是對處於逆境中的人最大的安慰嗎？我們從他人的生命中，看到有些人雖然一生顛簸不斷，卻能活得昂揚而充實，這是因為他們並未因此而放棄求生意志或是怨天尤人，卻在承受逆境與奮鬥中，體驗出更深的智慧，並提升自己的心靈，到達更高的境界。

人性有缺陷，人生不完美；承認這種缺陷，同時努力尋求其完美，是一個人「活出自我」的首要條件。逆境的「逆」，其程度是相對於每個人的能耐而定的。利用逆境，培養自己的能耐；當能耐增強後，「逆」可以轉化為「不逆」，「不逆」再轉化為「順」。順逆決定於心，那麼人生又有何苦？

第十二把鑰匙

培養承受逆境的意志

美國學者提出「ＥＱ」（Emotional Quotient，情緒智商）的觀點後，引起大眾的呼應與探討，後來企業管理領域再推出新名詞「ＡＱ」（Adversity Quotient，逆境智商），是指一個人處於逆境中的承受力，並以此推斷個人是否能經營成功的人生。

如果以「知、情、意」三種潛能來說，則傳統所說的智商側重於「認知」，情緒智商側重於「情緒」，逆境智商側重於「意志」。譬如，現今「草莓族」年輕人的問題日益嚴重，使大家覺察了年輕人對挫

折的容忍能力越來越差。容忍度與承受力不足，正是逆境智商所要提醒的重點。

我長期探討人生哲學，得到一項心得，就是：一個人的能力，不在於他能夠得到什麼，而在於他可以承受失去什麼。因此，越卓越的人總是越能對物質享受保持不依賴的態度，對人際互動可以淡然視之；甚至自己孤獨一人時，也照樣活得愉快。

當然，以這種態度面對逆境，並不表示人生應該受苦受難，或者我們應該喜歡苦難，我們要理解的是：人生本來就不可能沒有苦難，因此，與其逃避或詛咒苦難，不如藉由苦難來鍾鍊自己的身心，使自己成長與成熟。

古語有云：「吃得苦中苦，方為人上人。」我們吃苦，不是為了勝過別人，而是為了迎向生命的真實面貌。因為在苦難中，生命沒有任何遮蔽，可以展示其深度、廣度與高度。更重要的是，當我們咬緊牙關、力爭上游時，自己的生命能量必將隨之更加充滿，自我作主的決心與毅力也將更形堅定。沒有經過辛苦的掙扎，一隻蛹不可能蛻變為健康而美麗的蝴蝶。生物尚且如此，更何況是我們人類？

逆境其實是人生常見的現象，有些人對此怨天尤人，也有些人想盡辦法逃避；但正確的因應態度是：先承受逆境，由此培養內在定力，再堅持原則，愈挫愈勇，坦然微笑向前走去。人生不可能沒有逆境，我們要把握這種成長的契機。

現實人生總是苦樂參半的。遇著痛苦，默默承受；遇著快樂，加倍珍惜；重要的是必須明白：「為何而苦」與「為何而樂」。

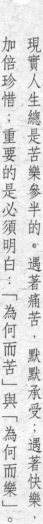

第十三把鑰匙

「希望」的處方箋

當前社會瀰漫著負面的氛圍和消極的思維，民眾對於社會與個人前景的看法充滿悲觀。雖然客觀上有種種理由讓人們覺得煩惱，但我們還是可以採取一些方式，讓自己以正向的態度面對生活。以下提出幾項「希望」的處方箋：

一、不要完全相信統計數字

統計數字往往讓人忽略了個別存在的巨大差異。譬如，學生要選校時，關注各校的升學率高低，但那並不表示個人未來必然會有好或壞的結果；或者從統計得知目前的失業率高，但其實我們只要關注自己的工作有無保障，以及如何使自己在職場上更有施展的空間。即使遭遇了失業危機，與其憂慮嘆氣，不如趕緊積極培養其他的專長，也許可以再闖出事業的第二春。統計數字不代表我們的命運，積極面對自己，才能找到自己的希望。

二、不必否認問題的存在，但要設法解決問題

問題若是屬於社會的，個人只有藉由選票來表達意見。譬如，民眾覺得經濟困境來自政局不穩，而政局的亂源又可以推至政黨之間的惡鬥。如果進而探討政黨之間為何要惡鬥，恐怕不是短時間可以找到結論的。換言之，這種情況若不改善，等到下次選舉時，民眾就可以用選票來表達自己的抗議。問題若是屬於個人的，如涉及親情、友情、愛情，或事業發展的障礙等，就要勇於面對，並尋求解決之道。

三、參考別人成功的例子

處於逆境之中，不妨想一想：難道我是天下唯一不幸，或者最倒楣的人嗎？事實上，絕大多數人的遭遇都是「比上不足，比下有餘」的。既然如此，為什麼別人照樣可以成功？根據統計，二十世紀成功的偉大人物中，有四分之三是在早期生活中就處於逆境，經過發憤圖強後，才有出類拔萃的耀眼表現。

四、為自己開啟一扇窗

當我們感到已無門路了，那麼就為自己開啟一扇窗吧！這扇窗可以是知識、藝術、宗教，以及各種人際情感。以知識來說，書本能扮演良師益友的角色，使人增長智慧、提振士氣，調節自己的心思與情緒。藝術世界更是多采多姿，讓人在審美的過程中，滋潤個人的心靈。當心情陷於低潮，聽一首老歌的效果往往勝過朋友的言語安慰。此外，親情、友情與愛情，無一不是快樂的泉源，但是相對的，也需要我們平日用心的耕耘與呵護。

五、以真誠的心意接觸宗教信仰

為什麼要強調真誠的心意呢？因為許多人對宗教存著利用的心態，遇到困難才求神拜佛，而忽略了宗教的真正目的是要幫助人啟發精神資源，使人盡量不受物質的干擾，不受成敗得失的影響。然後，發揮心靈力量，表現「歡喜做，甘願受」的情操，使社會產生良性循環的契機。即使世間的一切都令人失望，宗教信仰依然為我們保留了最後一線希望，那是跨越生死界線之後的永恆希望。

六、絕不說「絕不」

英文有一句格言：Never say never. 意思是「絕不說『絕不』」。我們常說「不經一事，不長一智」，但是所得的智慧不應該造成消極態度，甚至阻礙了自己繼續奮鬥的勇氣。譬如，有人受了騙，就宣稱「以後我絕不相信任何人。」這樣一來，無異於扼殺了自己的生機。正確的回應是：以後我在相信別人時，要更為審慎。因此，絕不說絕不，就是留給自己反敗為勝的機會。

以上六種方法，有助於維繫及提升個人的希望。但丁在撰寫《神曲》時，描述在地獄門上的一句話：「放下你的希望！」這當然是他的想像力所虛構的，但是認真思索之後，又不得不佩服他的卓見。地獄之所以為地獄，不正是因為其中不再有希望嗎？同理，如果人生沒有希望，活著不是太悲慘了嗎？因此，我們要妥善運用各種方法，使生命充滿希望。

第十四把鑰匙

提高自己的逆境智商

這是一個充滿壓力的時代。以每天接收的資訊為例，媒體標榜著「人民有知的權利」，所以提供我們大量的新聞，但是深入詳查後，卻會發現其中有相當高的比率是「令人沮喪的」。於是，知的權利變成「沮喪的義務」，心理健康飽受威脅。

為了在心理上自立自強，我們必須提高「逆境智商」。所謂「逆境智商」，代表著一個人在面對不如意時的回應能力。逆境智商是可以提升的，具體的作法包括三個方面：

一、認知方面

這是指觀念對行為造成的影響。我們的反應模式常在不知不覺中形成，幾乎構成一張牢不可破的網。譬如，我的數學成績從小就不好，以後看到任何與數字或演算有關的東西，就認定自己學不來，先自我放棄了。心理學上稱這種狀態為一種「學來的無能」，是未嘗試先認輸的結果。

逆境智商不高的人，常會先入為主的認為「挫折是無法控制的，是自己造成的，挫折的影響會很巨大，影響時間會很久」。反之，逆境智商較高的人，會認為「挫折只是一時的，是由外在原因所造成，挫折的影響很有限，只要努力便可加以控制」，因此他們會振作精神，排除困難，勇往直前。當我們有了這層認知，就不會輕易被逆境擊倒。

二、習慣方面

人腦的神經結構極為複雜，可以在很短的時間內對自己的處境作綜合評估，並且形成固定的習慣模式。所謂習慣，真是一把雙刃劍！它的優點是，使人走在穩定的軌道上，排除次要的干擾，專注於遠大的目標。如果沒有習慣，我們將時時刻刻處於猶疑不安之中，好像一切都變得不可預測，那實在是難以想像的壓力啊！但從另一面來看，它的缺點是，習慣會造成保守、退縮的性格，不敢嘗試創新，排拒所有的變革，一旦遇到挑戰，就造成調適上的嚴重阻力。

因此，我們必須學習讓「習慣」這道鎖鏈，在必要的時候立即打斷，然後迅速形成新的習慣模式。換言之，一個人對逆境的反應習慣應該是可以汰舊換新的。我們應該相信自己具有面對逆境的能力。

三、心理方面

一個人如何回應挫折，對身心健康也有直接的關係；它會影響免疫功能、罹患重病的機

率，以及醫療後的復原速度。在逆境中保持樂觀心態的人，身體的免疫能力也會增強。

在心理層面上，自覺有無能力、有沒有自信心，是很大的關鍵。例如一項以養老院中的老人所作的實驗顯示，若將院中的老人分為兩組，一組負責管理一些瑣事，包括照顧盆栽；另一組完全無所事事。結果發現，第一組老人的平均壽命比較長。這個研

究證明了：每個人都希望能掌控一些事物，即使是為此而辛苦勞累，也是值得的。

目前的失業率較為嚴重。失業之後少了收入，固然是很大的打擊，但是真正讓人難過的是「自己覺得沒有用處」。其實，失業並不代表沒有能力，也許只是沒有適當的地方可以發揮。轉念一想，每個人都有學習的能力，可以試著調整習慣的觀念與作法，再用積極的態度來處理問題，一定會發現自己有足夠的能力克服逆境！

人的身體誕生於世，尚不能稱為完全的人，他還須第二次從精神上誕生，通過一連串考驗，然後才算是真正的人。

第十五把鑰匙

做個攀登者

處於逆境，能否以堅忍不拔的毅力撐下去？這主要與一個人的意志有關。提出「ＡＱ」（逆境智商）論點的保羅．史托茲，根據面對逆境的處理態度，把人分為三種：放棄者、半途而廢者與攀登者。

放棄者的特質是不願接受挑戰，過著妥協的生活，但心裡又常委屈的想著「我本來可以如何如何」，而隨著推託規避、蹉跎光陰，也讓自己錯過了種種改變人生的時機。

半途而廢者，是曾經努力過，但稍有小成後，就停下來了。我們周圍以這樣的人占多數。有些中年人事業穩定，子女也成年了，就不想再接受更大的考驗，也不願再激發自我的潛能。生活形成固定的模式，周而復始，難免感到活著有些無奈。

至於攀登者，有些什麼特色呢？曾獲諾貝爾和平獎的聯合國祕書長哈馬紹說：「絕不衡量山的高度，除非你已達到頂峰——那時，你就會看到山有多低。」把他的

說法用在看待人生逆境上，則是：「絕不衡量自己的極限，除非你走到了生命盡頭——那時，你就會看到人生有多充實。」

美國發明家愛迪生作了最佳的示範。他經歷二十餘年、五萬多次的失敗後，發明了輕巧耐用的高效能電池。有人問他：「你失敗了五萬次，怎麼知道最後會有成果？」他說：「成果？我有許多成果，我知道了五萬種不會成功的方法！」這句話真是擲地有聲，讓人欣賞！

攀登者的特質是：不去抱怨別人設下的障礙，而是期勉自己去克服困難，並且在克服之後，朝著「造服他人」的目標努力。攀登者在個人健康上，也會得到比較理想的反饋。專家學者分析，服務人群的行為，能夠使人強化免疫系統、增長壽命，得到精神上的幸福感，心理上也更為健康。

人的痛苦，大都來自「我執」太強。

第十六把鑰匙

化解逆境 vs.「三受」主義

「逆境智商」（ＡＱ）越高的人，越能在困境中堅持下去。逆境的化解是可以透過方式而達成的，以下是保羅．史托茲提出的四個步驟：

一、首先要聆聽自己的心聲，了解自己最常抱怨的是什麼樣的事。

二、探索自己與這個困境的關係，在其中所扮演的角色，想一想自己是不是應負什麼責任。

三、深入分析相關的條件，例如：自己能控制的部分有多少？逆境的影響範圍有多廣？在時間上會持續多久呢？

四、透過分析的結果，付諸行動。若自己對此困境並非無力解決，或造成的影響並非全面而長久的，再選擇適當的態度或作法去處理，那麼自然就可將逆境化解了。

以上所說的方法，可以使人以比較積極的態度面對逆境。但是，人生還有許多逆境是無法化解的，因此必須提高自身的承受能力。這時，我的建議是「三受主義」：忍受、接受與享受。

「忍受」可以培養耐操、耐磨的能力。有句俗話說：「吃苦就是吃補。」尤其是剛出校門的年輕人，若能學著忍受困境，那麼越早吃苦，就越早吃補。

「接受」是很重要的，因為只有理解才會使人接受，而理解是可以靠著學習而得到的。現在是學習型社會，正確而正向的觀念，將會使我們以更開闊的視野來看待自己的遭遇。

透過「接受」逆境，從而苦中作樂，接著是走向「享受」的階段。享受，其實是一種心靈上的體驗。法國作家雨果說：「世間最寬闊的是海洋，比海洋更寬闊的是天空，比天空更寬闊的是人的胸懷。」只要胸懷敞開，就會發現天無絕人之路，在任何困境中都感到蘊藏生機，就像我們常說的「危機就是轉機」。

逆境智商是可以改善的，而且必須不斷提升，才有可能品味人生的豐富意義，以及生而為人的喜悅與成就感。

第十七把鑰匙

路不轉人轉，人不轉心轉

在經濟不景氣的環境下，許多人懷憂喪志，怨天尤人，將自己的困境歸咎於種種外在條件。有句俗話說：「山不轉路轉，路不轉人轉，人不轉心轉。」意思是我們雖然不能改變形勢，但是可以改變自己。

要怎麼改變自己呢？每個人在「知、情、意」三方面，其實都有成長的空間。

在「知」的方面，例如找一本久聞其名而無暇細讀的書來看，打聽一下現在流行什麼觀念，或是參與研習會、聆聽演講，讓自己增廣見解，藉此與個人的生活經驗相互映照，也許就能用更高的智慧來改變自己的處境。

在「情」的方面，不妨重新省思自己的情感處理模式與情緒管理問題。與人互動時，要自問：是否心甘情願？是否心平氣和？若自覺有委屈之處，應思考其中的原因：是自己多心或小心眼？還是對方不把我的感受當一回事？要調整自己的情緒，還是要進行坦誠的溝通？經過如此一番評估與自省，情感的品質將會更細膩也更圓融。

至於「意」的方面，則是有關自己的人格特質。對於已工作一段時間的人，可思考自己離開學校，投入職場之後，是否留意培養某些優良的品格？在職場中磨練得更懂事、更成熟、更世故時，是否同時留意到自己在「真誠、勇敢、節制、謙虛、信用、忠實、道義」等品德修養上有所長進？尤其更關鍵的問題是：遇到自己該做的事時，能否「化被動為主動」？主動的程度如何？隨著年紀與經驗的增長，自己是否準備挑戰一個更高、更重要的職位？等自己成為某一部門的主管時，能否展現明確而卓越的領導風格？能否領導同仁及部門開創一個嶄新的局面？

如果錯過現在這個「時機」，沒有積極從事自我成長，那麼，誰能保證當景氣復甦時，我們可以立即就戰鬥位置，揮出最有力的一擊？現在（任何階段的現在）就是「時機」，只看我們如何構思、把握及利用，它都可能成為人生的轉捩點。

黎明前的黑暗是特別幽深、特別寂靜的，好像希望已經幻滅、生命已經屈服；但是再過片刻之後，必然可以見到曙光初露、朝霞升起，又是一個美好的世界。

第十八把鑰匙

交出滿意的人生試卷

人生像是一場無法逃避的考試，每一個人面對的題目都大同小異，不外乎是生老病死的處境、窮達順逆的際遇，以及喜怒哀樂的感受，但是人生的試題沒有標準答案，也無法拷貝他人的答案，只能互相參考解題的方法。每個人都必須在人生試卷上提出自己的答案，以自己的抉擇與行動去作答；同時自己也須參與評分，論斷自己的成敗；更重要的是，只要還有一口氣在，每一個人都有希望贏得這場考試。

既然人生的試題都差不多，那麼為什麼有些人樂觀奮鬥，有些人悲觀沮喪？有些人珍惜每一分每一秒，有些人卻像失舵之舟隨波逐流，浪費生命？最大的差異就在各人對人生的解釋不同。

我們應該如何解釋人生呢？以下提供四個步驟作為參考：

一、認清自己的現況

每個人都有所謂的「外在自我」與「內在自我」，必須兩者兼顧才能認清自己的現況。「外在自我」是一個人在各種團體（如家庭、學校、機關、社會、國家）裡面所扮演的角色之總和。由於這些角色具有多樣性、異質性且不易完全協調，因此更顯示「內在自我」的重要性。要認清內在自我，首先可以看看自己所交的朋友。朋友得自「同聲相應、同氣相求」，在不知不覺中反映了自己的性向。其次不妨回憶生平最苦之事與最樂之事，在這兩極之間為自己定位，找出趨吉避凶之道。當然，最好的辦法是經常反省，給自己時間，與自己交談。如果不能接受自己、肯定自己，又怎能正視命運的挑戰？

二、**欣賞古人的典型**

古人之可貴，在於他們通過歷史的檢驗，在有限的文字記錄中，留下了生動的形象。我們可以「擇其善者而從之，其不善者而改之」。他們在不同的時間、空間裡，展現完整的生命風格，為人類的潛力定下座標。我們在閱讀英雄豪傑的傳記時，油然而生「有為者亦若是」的嚮往之情，從而激起蹈厲奮發的志節，不願虛度此生。存在主義哲學家雅士培綜觀歷史上的偉人，推舉「蘇格拉底、佛陀、孔子、耶穌」為四大聖哲，值得所有的人奉為典範，原因之一就是他們證明了人類在精神上、智慧上、道德上，可以達到完美的地步。

三、**評估今人的作為**

今人與我們生活在相同的時空裡，承受相似的命運，就像風雨同舟的旅客，必須攜手合作，才能度過難關。我們不須抹殺人與人與人之間的差異，但要珍惜共同的前景，深刻思索現代人的作為所隱涵的價值系統，避免它偏離了人性的常軌，走向滔天大禍。我們不能撇開現實來談理想，但要以清醒的心智投入現世的搏鬥，讓世界因著我們的存在而更為美好。

四、選擇自己的方向

這是指內心的態度，當清楚知道自己的意願後，以堅定的步伐向著目標前進。人生不是直線賽跑，往往需要多方探索、迂迴往返，但是只要不迷失、不倦怠、不放棄，則過程本身的每一階段都足以使我們的心靈充實欣慰。凡走過的，必留下足跡；凡奮鬥的，必經歷成長。

我們有理性，可以明白事理，因此經由好學與深思，能夠徹悟人生真相。然而，光靠理性是不夠的，還須付諸行動，努力實踐，如此當考試的鐘聲想起時，我們必然能交出一張滿意的人生試卷！

3 調解情緒與壓力

第十九把鑰匙

掃除消極的信念

整型專家馬爾茲博士行醫四十年的心得是：「容貌的美醜對於一個人並不重要，重要的是他對於自己身為一個人的體認，亦即他的自我影像。」一個人假使對於自我的觀念是消極的，那麼再秀麗的容貌也將毫無神采。

馬爾茲提出四個問題來鑑定消極的信念：

一、是否相信自己是個泛泛之輩，從未做過任何有價值的事，因此自己的生命注定要空白一片？

二、是否相信自己必須為過去的錯誤行為負責，因此應該受苦受難一輩子？

三、是否相信自己的生命不再有任何意義，因為心愛的人已離你遠去？

四、是否相信現代人的唯一自處之道，就是日夜擔心核子戰爭的爆發？

假使對這四個問題的答案都是肯定的，那麼就是跟自己過不去。這是以消極的信念懲罰自己、折磨自己，即使最凶狠的敵人也無法這樣對付你。

人們對於世界局勢、政治演變、經濟發展、社會現象，甚至一般大眾的心態，往往都能提出冷靜客觀的分析，但是對於自己內心習以為常的錯誤信念卻絲毫不知道警惕。例如，你是否經常覺得自己說太多、太少，或說話不得體？是否對於名利得失看得太重，而鎮日憂心忡忡？是否對於負面的情緒束手無策，而坐令大好時光白白浪費？是否對於生活細節過度注意，而忽略了生命本身的意義？這些都是過度消極的信念，也是讓我們陷入愁雲慘霧的障礙。

生活在俗世凡塵中，很容易受消極情緒困擾而不自覺。但是，就像我們看到屋內凌亂、灰塵滿地時，自然會想到動手清掃、重新擺設，為什麼對於心靈的失序與精神的汙染，反而無動於衷呢？是不願面對自己，還是不敢接受挑戰？

也許什麼原因都不是，只是缺乏一段靜靜思考的時間。久不照鏡子，連自己的模樣都會記不清楚了，何況是心靈的自我呢？時時自我反省，掃除心裡的消極信念，別讓光明的人生蒙上了不必要的塵埃！

如果我們任由自己的情緒變化莫測，那麼就會淪為情緒的奴隸。我們應該反過來成為情緒的主宰。西方有句話說：「上帝創造了有理性的人，但是另外還創造了憤怒和欲望。面對憤怒和欲望時，理性就失效了。」如果不能善用理性，凡事皆依情緒的當下反應或一廂情願的意念，則人的行為難免陷於自相矛盾，並且必然造成人際關係的緊張與衝突，帶來各種後遺症。

第二十把鑰匙

破除失敗之繭

人間許多事情，必須在親身經驗以後，才能了解箇中滋味，就像「如人飲水，冷暖自知」。成功與失敗，幸福與痛苦，雖然有跡可尋，但是事情的真相與個人的感受可能有毫釐千里之差。為什麼同樣的境遇，有人可能不以為意，有人卻會痛苦萬分，其中最大的問題在哪裡呢？

根據馬爾茲博士的研究，有七種消極情緒是造成人們受縛於失敗之繭的主因：

一、挫折：當我們未能達成重要目標或滿足基本願望時，就會產生挫折感。這是人人共有的經驗。但是，若挫折感為週期性的發生，就是危險的訊號。這時，應該試著自問：是不是目標訂得太理想？是不是自己的要求太嚴厲？是不是自己太過奢求，以致自找苦吃？

二、憤怒：挫折造成壓抑感，壓抑久了就必須發洩。錯誤的發洩方式是憤怒，像瘋狗一樣，見人就咬。憤怒產生侵略性與攻擊性，是一種病態的心理平衡作用。日本工人下班後，喜歡群聚酒吧，用最粗俗最惡毒的字眼把一天的怨氣全部發洩出來，這雖是一種心理治療法，卻是下下之策，使人反覆局限在「挫折——憤怒」的框框中，形成偏頗的人格與暴戾的習氣。正確的發洩方式是「化憤怒為力量」，以積極的進取心修訂目標，再接再厲。

三、不安：缺乏安全感，是很難克服的一種情緒。「有所求，必有所待」，人生過程中，從學業、事業、婚姻，到財富、地位，任何一環都可能因為期待落空而引發不安。長期的不安，會造成疑慮與自卑的心結。許多留學生在出國前志向遠大、英姿風發，幾年苦讀下來，竟至性格大變，只圖「苟全性命於亂世」，原因就在受制於長期的不安。

四、寂寞：寂寞與孤獨不同。孤獨是一種生活方式，有些人為了實踐宗教上的使命而選擇獨身，他們以崇高的理想指導自己的生活，孤獨而不寂寞。有些人為了從事學術上的研究而寧可獨身，他們以寂寞為「身後事」，充分享受孤獨治學的樂趣。寂寞就不同了。寂寞是一種冷冷清清的感覺，好像自己被世界遺棄了。

談到寂寞，難免想起李白的一句詩：「古來聖賢皆寂寞，唯有飲者留其名。」我的想法正與此相反，我以為「古來飲者皆寂寞，唯有聖賢留其名」，所謂「借酒澆愁愁更愁」，不正是寂寞飲者的寫照嗎？

五、猶疑：猶疑的人總是避免作決定，因為任何事情一旦作了決定，就有是非對錯的評價，於是認為「不做不錯」比較安全。萬一非作決定不可時，就如臨大敵，生怕因此損害自己的理想形象。事實上，猶疑不決的心態不僅使人坐失良機，而且無法發揮本身的才智，得到成長的機會。更糟的是，猶疑使人喪失勇氣、逃避責任，最後連面對自己也束手無策。

六、悔恨：人是會犯錯的，犯了錯之後難免產生悔恨的情緒。適度的悔恨可以使人更謹慎更努力；但是，悔恨不可成為習慣，許多過失可以「道歉了事」，若道歉成為習慣後，反而會使惡行變本加厲。

因為，悔恨的情緒起於自責，「都是我自己不好」；自責引發自傷自憐，「可是也不能全怪我。」然後就會將責任推向別人。

七、空洞：有些人表面上非常成功，但是他們的內心是空洞的。借用耶穌的話，他們是「得到了全世界，卻喪失了自己的靈魂。」他們的生命內涵已經變質了，生命成為煩惱，必須想盡辦法排遣。但是，人間又有何處可以讓人逃避內心的空洞感呢？唯一的辦法，是使自己的內心重新充實起來。方東美先生的一句詩說得好：「一心璀璨花千樹，六合飄香天地春。」不論外在世界如何變化，人人都有自己的心靈世界。幸福與心靈世界相依存；幸福與否，全在自己。

有悲情的人，容易發現生命陰暗的一面；深度不一定代表陰暗，但是陰暗自有它的深度。

第二十一把鑰匙

不讓情緒來搗亂

影響每個人的成功因素有許多，目前學術界的共識是，個人的智商（ＩＱ）約占其中的百分之二十左右，另外的百分之八十由其他因素所決定，而ＥＱ（情緒智商）即是其中非常重要的一部分。

古今聖賢都勸人要注意情緒問題，因為稍一不慎，就可能釀成言行上的失誤，進而造成人際關係的緊張、誤會、衝突與矛盾，對個人的家庭幸福、事業發展都會造成阻礙，實在不可不慎。

情緒有時會受外在的環境或刺激所影響，如天氣的變化，別人的言行等；有時會受自己的身體狀況或胡思亂想所左右。大體來說，人的情緒可分為八種類型：憤怒、悲傷、恐懼、快樂、愛意、驚訝、厭惡和羞恥。情緒的反應既直接又快速，但是消失與轉換的機會也很大，可以忽然而喜，忽然而怒，忽然而哀，忽然而樂。如果任由情緒起伏來主宰我們的生活，恐怕會是一件很辛苦的事。

那麼，要如何認識自己的情緒特質呢？首先，在準備階段，要練習一種工夫，就是「自覺」，覺察自己的內心狀態。要採取「旁觀的自我」的立場，從旁觀察；儘管情緒紛擾，仍要努力保持中立而內省的態度。說得更具體些，就是要練習「同時」知覺自己的情緒，以及自己對此情緒的想法。譬如，我在生氣時，同時要察覺自己怒氣沖沖，以及

自己對這種生氣的想法，亦即為什麼生氣、對誰生氣等。

接著，在具體作法上，必須做到三點：一、認清自己最易出現的情緒；二、排出這些情緒的優先順序；三、針對每一情緒，考察其出現之時間、地點、狀況、對象、事件，以及如何開始與如何結束。

譬如，我最易出現的情緒，或最近出現頻率最高的情緒是憤怒，那麼我就須靜下來思考：在什麼時空狀況之下，我會不由自主地生氣呢？經過初步的反省，我發現自己每天晚上看電視上的政論節目時，只要其中有某幾個名嘴在場，我就特別容易生氣。認清了這一點，以後我只要一看到這幾個人出場，就立刻轉台看別的節目。如此一來，就不會像以前一樣，邊看邊罵邊生氣，使自己的情緒陷於困境。

從正面看來，我可以把握自己在何種狀況會有正向的情緒。長期觀察之後，我發現某幾首音樂對我非常有效。於是有機會就聽這些歌曲，使自己的情緒保持在正向的軌道上。如此一來，自然有助於促使情緒穩定，提高自己的情緒智商。

咖啡可以與好友分享，但是，唯有孤獨是不能與人分享的。孤獨並不等同於寂寞。寂寞是一種冷冷清清的感覺，好像自己被別人遺棄了、被世界遺棄了、被自己遺棄了。這種被遺棄的感覺往往出於主觀的幻想。其實是自己把門關起來，卻又抱怨沒有陽光。

相對的，孤獨能使人暫時擺脫種種俗世的干擾，親切的面對自己，讓心中的旋律恣意奏鳴，譜出寧靜悠遠的雅趣。孤獨往往牽引出沉思的心境，進而帶來心靈的澈悟，煥發內在的光明，燭照人生的真義。唯有善於享受孤獨的人，才能分辨也才能珍惜人與人之間交會時互放的光亮。

ABOUT LIFE

第二十二把鑰匙

排除抱怨

抱怨的原因很多，簡單說來，是不平則鳴。我們心中都有一把尺，用以衡量人我互動的關係。自己的心意沒有獲得適當的回報與反應，或者別人的言行超過自己所預期的程度與範圍，就會引發抱怨。我固然可以抱怨別人，別人以他的尺度度量，也同樣可以抱怨我。雙向的抱怨，猶如雙面的刃，一旦發作起來，難免兩敗俱傷。

因此，在尋思如何減少抱怨時，首先要問：人人心中的那把尺是否相同？其次，即使尺是相同的，有什麼方法可以避免引起抱怨呢？

我們天生具備良知與理性，成長過程中學會的是規範與習俗。人與人相處，不論發生任何狀況，首先要問的是：怎樣做，才算合理？「合理」一詞，在中文裡是指「合乎情理」，包括良知的基本要求。接著要想：怎樣做，才算合乎公序良俗？其中涵蓋了明確的法律與約定的習俗。這些都代表了一種尺度。

既然已有共同認知的尺度，代表事情「應該」怎麼做，是一清二楚，不會產生爭議的。然而，問題出在哪裡？出在人與人之間的「溝通」上。溝通是需要技巧的，因此言語修辭是人際關係不可或缺的條件；溝通還需要真誠的心意，否則難免陷於權謀，更增加了抱怨的機會。

既然抱怨是雙向的，那麼就從兩方面來分別省思適當的解決之道：

一、減少「別人對我的抱怨」

為了使別人不要抱怨我，大致有以下四個辦法：

（一）不與人爭利。孔子說：「放於利而行，多怨。」一切都依利益來考量，處處與人相爭，結果就會招來許多抱怨。世間的利益主要是指「名利權位」，皆是「物以稀為貴」，不可能使人人滿意。一旦獲得這些利益，就要自問是否手段正當，是否實至名歸，以及是否負起了相對的責任。

（二）說話謹慎，不逞口舌之利。孔子說：「御人以口給，屢憎於人。」以能說善道來勝過別人，常會招來別人的憎恨。服人之口，未必能服人之心。在這個講求口才的時代，口水戰滿天飛，也常導致日益惡化的人際關係。

（三）將心比心。正如孔子所勸勉冉雍的話：「己所不欲，勿施於人；在邦無怨，在家無怨。」這兩句話可以分別獨立解釋，也可以作因果來看。只要做到「自己不想要的事，就不要加在別人身上」，那麼無論在公務上或家庭中，都不會招來抱怨。

（四）責己嚴，責人寬。孔子說：「躬自厚而薄責於人，則遠怨矣。」對自己可以設定很高的道德要求，但是對別人則不妨寬厚一些，因為別人也許有他的苦衷。做到這一點，誰還會任意抱怨呢？

二、減少「我對別人的抱怨」

要減少自己的抱怨，主要的關鍵是修養。修養不是出於無奈而忍受委屈，而是主動願意提升自己的境界。譬如，我認為自己才學兼備，卻沒有得到別人的重視與重用，內心難免不平，那麼何不參考孔子的話：「人不知而不慍，不亦君子乎？」別人不了解我，而我並不生氣，這不是君子的修養嗎？以孔子為例，他也曾宣稱自己是「不怨天，不尤人」；在不斷修德講學的過程中，他知道自己是在實踐做人的基本要求，是在走向君子與聖賢的目標。與其求人，

不如求己，然後可以自得其樂。

孔子在評論伯夷與叔齊時，說他們二人是「求仁而得仁，又何怨？」只要認清自己追求的目標是「完成人生理想」，那麼為此而受苦受難，又何必抱怨呢？尼采說：「一個人知道自己為了什麼而活，他就能夠忍受任何一種生活。」這是由自知之明開始，確立了人生是「為了什麼」，然後對一切遭遇就可以甘之如飴了。

在思考人際關係的問題時，如果可以避免別人對自己的抱怨，又可以減少自己對別人的抱怨，豈不是十分理想？要做到這一步，可能需要長期的努力，但必能使自己的人生漸入佳境。

人心的安，不是安在一個靜態的結果，而是安在一個動態的過程。

第二十三把鑰匙

擺脫焦慮與憂鬱

在忙碌緊張的現代社會，人們總是陷在追逐一個個的目標中，也使得焦慮已成為普遍的症候。事實上，適度的焦慮是健康生活所不可少的。正如沒有痛苦的威脅，就無法感受快樂；沒有焦慮的煎熬，也不能激發潛在的天賦能力。然而，何謂「適度」的焦慮呢？

在人生種種的目標中，即使一一達成，也未必可以消除內心的緊張感。但若取消所有的目標，又很可能手足無措、進退失據，反而變得更焦慮了。焦慮的主因是擔心無法完成既定的目標，而憂鬱則是不再存著目標的念頭，以致對任何事都提不起勁。這樣的人，心中想的是：即使達成了目標，又如何？既然如此，又何必在乎目標呢？生活缺乏鬥志，顯得低調而沮喪，接下去就有輕生的危險了。

聯合國的「世界衛生組織」已經警告世人：二十一世紀的第三大死因將是自殺，而自殺的原因主要是憂鬱。憂鬱不限於任何地區或年齡，它不但會侵襲任何年齡層的人，並且在導向自殺之路上是無藥可救的。依據調查，已開發的先進國家，如芬蘭、丹麥、瑞典等國的自殺率都偏高。究其原因，這些國家的社會福利制度太過完美，所有的公民從出生到死亡都可得到國家的安排，社會穩定得讓人覺得無趣，也使人特別容易覺得人生乏味。

有些人奮鬥一生而毫無成就，也有些人自生至死不虞匱乏。這兩種極端所造成的結果，居然同樣都是憂鬱，也都可能引致自殺。我們對此豈能不再三省思？是否人類注定要辛勤工作並獲取成果，同時在生命過程中必須設定某些目標，才能平安度過此生？或者，這只是必經的歷程，其餘要靠人類自行修練，讓心靈的潛能充分發揮，在知、情、意各方面求得充實與完美？

對於焦慮，化解的關鍵是觀念上的開導與生活上的調劑。要讓一個過度緊張的人鬆弛下來，理論上還比較可能做到。但是，要使一個心情沮喪的人振作起來，即使在理論上也極為困難。所謂「哀莫大於心死」，我們對於心死的人，又能說些什麼？這個問題目前仍無有效的方法可以回應。以美國為例，許多人患了憂鬱症之後，向心理醫師求診，後來即使稍有改善，也可能陷入新的困境，也就是過度依賴醫師個人，以致形成雙方極為複雜的困擾。於是，心理醫師在治療結束前，必須努力使病人與他「脫鉤」，使病人學會獨立生活，而這往往是最難的一部分。

想要擺脫焦慮，求人不如求己。以下提供幾種策略：

一、認清自己的限制，凡是在能力範圍之外的事，就不去妄想、嫉妒或羨慕；如此可以常保心情平靜。

二、盡力而為，不求完美。凡是自己有能力做到的事就盡力去做，做了之後不必要求「盡善盡美」。

三、不斷充實及提升自己的能力，勇於學習新的領域。表面看來，似乎安於小成，不做沒有把握的事，而事實上，由於自己開放心胸，努力學習，就會感到內心世界的成長，然後可能從焦慮轉化為喜悅。

不過，面對憂鬱時，該怎麼辦呢？我分析自己沒有憂鬱的困擾，部分要歸因於幸運，譬如，有一個穩定的教書工作，並且常有機會應邀演講與寫作。為了寫作，我需要經常獨自靜坐沉思，與自己對話，開導及提醒自己；並且，在寫下心得的過程中，好像找到許多願意傾聽的朋友，使我常有「不孤單」的體驗。

於是，我的心路歷程展示為一本本的書，使我清楚知道自己走過了什麼路，從何處來，以及將來準備走向何方。這是對生命的「整體」感受。我們無法預測未來，但是既然明白「過去」是怎麼回事，那麼照著這種方式活下去，又何必過度擔心將來的各種變化呢？

究實而言，憂鬱是忘記過去、忽略未來的結果。眼見當前的剎那生滅，覺得一切都靠不住，然後「浮生若夢，為歡幾何？」的感傷心情浮現，接下去就是「生有何歡？死有何苦？」自殺的誘惑也隨之越來越強烈。然而，人生一定有辛苦的部分，如果了解人人的苦是大同小異的，如果明白苦是鍛鍊自我的過程，並且將因此萌發心靈的花朵，那麼我們何不以正向的態度迎接挑戰呢？我們又怎能未戰先降呢？

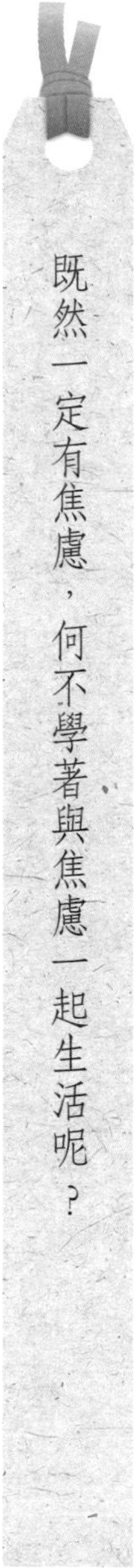

既然一定有焦慮，何不學著與焦慮一起生活呢？

第二十四把鑰匙

面對壓力的處理上策

每當我因工作勞累，影響心緒時，就會想起《亂世佳人》這部電影裡的郝思嘉，她經歷了天翻地覆的戰亂流離之後，倚在暫時棲身的門邊，幽幽的說：「明天再想吧！」

明天的情況會不會好轉呢？沒有人知道。但是，至少現在想要休息一會兒，暫時擱下肩頭的重擔。就像在夜幕低垂，萬籟俱寂，我們放下疲憊的身軀，進入夢鄉時，不也為著可以安歇而心懷感激嗎？

壓力是不會因為睡眠而消失的。我們的工作與職責也將隨著旭日升起而迎接我們。於是，問題不再是工作多不多，職責重不重，而是我對工作與職責「應該抱著什麼態度」。

一個人所能把握的是什麼？一個人要得到多少才會滿足？按美國一項統計顯示，出生於富裕家庭的子女，特別容易對人生感到厭煩，並且富人自殺的比例也遠遠高於窮人。得到的多，似乎失去的也多。生命難道是一個奧祕，自己耕耘的才能收穫，自己付出的才能得到？若是如此，成功人生的祕訣，應該就在於認清「我要耕耘什麼？」以及「我該如何付出？」

「耕耘」二字對於像我這樣教書的人來說，是十分鮮明的比喻。如果學生的心靈是純樸的田野，我要撒下什麼種子？我能幫助他們成長嗎？或者，我只能像個農夫，望天求雨，訴諸造化的神奇力量？教書之外的工作又何嘗不是如此？當我用盡心力完成一件工作時，長官與同事的評價不是我可以預期的。成敗之間，充滿無窮變數。因此，每當看到一個人認真工作，我就會肅然起敬。如果他還能快快樂樂，我就不免欣賞讚嘆，有時還感動得眼眶溼潤，好像親眼見到不可思議的奇蹟發生。

耕耘的時候，何必念著收穫；付出的時候，也不必奢望得到。我們當然不必玩弄文字遊戲，說什麼「耕耘即是收穫」，「付出就是得到」之類的格言。不過，我越來越覺得真切的是：如果把焦點由外在的成就，轉回內在的心靈，經常反省自己是否「心安」、「自得」、「喜悅」，然後一切的耕耘與付出，亦即工作與職責，就不再是世俗所謂的成功與失敗可以界定的。

面對壓力的上策，似乎即是堅定自己的態度；接受它，但是不受它影響。貫穿其間的則是清醒的心智。有些人認為清醒是痛苦之源，不如迷迷糊糊反而快樂。但是，迷糊會帶來快樂嗎？迷糊的快樂實在不如清楚的痛苦，因為後者隨時可能轉化為清醒的快樂。問題是：清醒可能快樂嗎？如果清醒不能引發快樂，人生注定是一場悲劇。我認為：人生可以成為悲劇，也可以成為喜劇，完全操之於己。

第二十五把鑰匙

快樂的妙方

一個人在付出的時候，才能肯定自己所擁有的價值。有些人在退休後，覺得自己無事可做，每天的生活好像可有可無，如果在心理上沒有鬥志，生理上也迅速退化，就很容易衰老。因此許多人會利用空閒時間擔任志工或義工，運用自己的能力服務他人。

行善會使人覺得快樂嗎？所謂「行善」，必然是為別人提供某些幫助，如金錢、時間、力氣、精神等。若沒有犧牲，如何可能為人效勞？那麼，犧牲難道就會帶來快樂？答案應該是肯定的。因為當我們選擇放棄物質享受或身體的舒適時，也完成了內心對自己的基本要求——實踐自己認為該做的事。能夠如此行動，內心就會肯定自己、鼓勵自己、欣賞自己、安慰自己，然後自己「身為一個人」的尊嚴得到充分的支持。這時，將會湧現「由內而發」的快樂。

快樂若是由內而發，不僅最有保障，並且源源不絕。更重要的是，沒有任何人可以剝奪這種快樂；並且，它還可以在日積月累之後，逐漸取代及超越各色各樣由外而來的快樂。

宋朝哲學家周敦頤在教導學生時，常常要求學生「尋孔顏樂處」，意思是要學生思索像孔子與顏淵那樣，在世間不曾飛黃騰達，甚至常處於貧困中的人，為什麼竟能做到「不改其樂」呢？他們所樂的，顯然不是一般人所追求的「名利權位」以及世間的物質享受；他們所樂的，正是由於把握了人生的正確方向，對於該做的事可以即知即行，因而內心對自己充滿了信心。

孔子說：「見義不為，無勇也。」我們的問題往往不在無勇，而在於不知什麼是「義」，也不知為何要行義。這時，理性與良知的重要性就凸顯出來了。我們固然要靠學習，才能分辨是非善惡；但是良知卻是關鍵所在，它在分辨的同時也隨之提出行動的要求。因此，保持良知清明，使它處於警醒狀態，以便時時告訴自己「現在該做什麼」、「現在有什麼事是我該為別人做的」。然後，鼓起勇氣立刻付諸行動。或許剛開始時，會有些猶豫，後來就會變成順其自然了。體認了「為善最樂」，誰還會不「樂於為善」呢？

人類加給自己的迫害，遠超過上帝與大自然所帶來的災難。

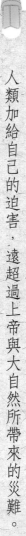

第二十六把鑰匙

美的喜悅

我的心情在特定的時空中，面對一再重複的事件時，難免覺得壓力沉重。這時應該如何紓解呢？最簡單而有效的辦法，是靠藝術欣賞，使自己產生美感品味，重獲創新的力量。

以孔子的建議來說，他鼓勵學生念「詩」，因為「詩，可以興，可以觀，可以群，可以怨」。這裡談到的「怨」，是指負面情緒，而孔子的作法是以讀詩來引發怨，再予以化解。詩中所描述的多為真誠的情緒表白，怨是其中重要的一種。情緒不必壓抑，但要調和。所謂的「發而皆中節，謂之和」，就是這個意思。

審美的標準應該是自由的，完全由個人所決定。譬如，我喜歡聽芭芭拉．史翠珊的歌，這是我的選擇。如果別人告訴我，還有貝多芬的樂曲更值得欣賞，或者別人嘲笑我的音樂水平不夠，這些對我都沒有任何意義，因為在審美時，重要的不是客觀上的比較，而是主觀上的感悟。

多年來，我們常批判年輕人的一句流行語是：「只要我喜歡，有什麼不可以？」這句話如果稍加限制，改為：「在審美的世界裡，只要我喜歡，有什麼不可以？」就是正確的觀念了。畢竟除了審美領域之外，還有哪個地方能讓一個人如此自由而自主地表現他的心意呢？

因此，勇敢地使用這種自由吧！想一想自己最愛的歌曲、小說、畫作、詩詞、電影和戲劇是什麼，在列出這份名單前，我建議以能引發「美的感動」作為準則。也就是分析自己在面對那些作品時，何者會為之深受感動，以致覺得「只要能欣賞到它，人生再受些苦也是值得的」。美感所能提供的撫慰與紓解，不是任何人類的情感所能企及的。

因此，需要在人生經驗較為豐富時，才能使自己的最愛脫穎而出，亦即「只有受過苦難的淬鍊，才能品味美的甘甜」。

審美的領域，是任人判斷自己所愛，而選擇後則有另一種自由，亦即解脫的、創新的自由。在確知最愛之後，可以安排主動欣賞的機會，這時的美感就成為心靈的武器，可以消除人生苦惱。

藝術不離創作，同時，欣賞也是一種創作，是針對自己生命的過去，所展現的新意。當我們欣賞時，內心情感由被動接受引導與安排，逐漸轉變為以自己生命經驗為焦點的體認與領悟，進而可以拋開負面因素，向著積極而光明的未來去投注憧憬。於是，審美使人關上世俗之門，另外開啟一扇希望之窗；審美帶給生命重新振作的勇氣，使生命充滿創新的力量，使人獲得自由。

4 開創自己的機會

第二十七把鑰匙

轉念，化地獄為天堂

以電影《美麗人生》獲得奧斯卡最佳男主角的羅貝多．貝里尼，在上台領獎致詞時說：「我感謝我的父母，他們給我最大的禮物是貧窮。」世間沒有人不討厭貧窮，但是貧窮除了代表客觀的生活條件之外，也提供了自我成長的契機。能夠看到這一點的人，就可以視貧窮為禮物，進而接受考驗，造就自己成為人才。羅貝多的電影常是由他自編、自導、自演的，在四十餘歲就被譽為義大利的國寶。他的成就豈是偶然？難怪他會視貧窮為可貴的禮物。

世間的事很難斷定好壞，幸與不幸也是因人而異。法國作家巴爾札克說：「世間的事永遠不是絕對的，其後果往往因人而異。以苦難來說，它對天才是一塊墊腳石，對能幹的人是一筆財富，對弱者則有如萬丈深淵。」我們也許不算天才，但是絕不甘心做個弱者，那麼何不做個能幹的人，好好把握「苦難」這個財富吧！從一些成功者的傳記中，會發現他們都是歷經折磨、越挫越勇，進而取得更大的心靈資源與能量，最後表現了出人頭地的成就。

美國有一句格言：「有什麼觀念，就有什麼行為；有什麼行為，就有什麼習慣；有什麼習慣，就有什麼性格；有什麼性格，就有什麼命運。」因此，正確的人生觀是基礎，也是我們在自我教育時的首要關懷。

譬如，周大觀是十歲的少年，他因患病而截了一肢，於是寫一首詩，名為「我還有一隻腳」。如果在別人身上發生同樣的事，可能會抱怨「我只剩一隻腳」。從「只剩」到「還有」，不是一念之轉嗎？關鍵在於：你看到的是「缺陷」還是「擁有」？能從「擁有」的角度接受自己的現狀，並且心存感激，就是快樂人生的第一步。

轉念，可以讓「缺陷」換成「擁有」，也可以讓「犯錯」變成「學習」。美國國家足球隊教練郎伯迪曾說：「歷史上最偉大的教練就是你自己。在人生歷程中，免不了會犯錯，但是如果能從每一次錯誤中學習，以後就不會再犯同樣的錯誤了。」

無論我們閱讀多少勵志作品，聆聽多少諄諄告誡，目的無非是為了使自己日漸完美。但是，誰最能了解自我的需求，也最能對症下藥呢？答案應該是「自己」。

孔子的學生中，以顏淵最為傑出。顏淵有什麼過人之處呢？孔子認為「不遷怒，不貳過」是最恰當的描述。「不遷怒」比較容易；「不貳過」是指不再犯同樣的過錯，這是極大的挑戰。因為一個人的過錯，常與他的個性傾向與生活習慣有關。所以，「不貳過」就是要從自己的「腦內革命」到「心態革命」，再到「行為革命」。這些革命的對象都是自己。

人生道路上，需要經常省思，一旦發現「今是而昨非」，就須勇敢地「以今日之我與昨日之我挑戰」。思想與行動的配合有一個祕訣，就是法國哲學家柏格森所說的：「思考時，要像行動者那麼敏捷；行動時，要像思考者那麼穩重。」

在且思且行的過程中，人生之旅將會越來越順暢。與其抱怨黑暗，不如點燃蠟燭。心中的燭火一旦點燃，就像忽然領悟人生真諦，在行動時也將充滿信心與希望。

第二十八把鑰匙

找到新生的契機

「他比我幸運，因為他有的機會，我沒有。」這句話的含意是：假如我有類似的機會，我也能成功。那麼，萬一機會始終不來，我們就永遠不能成功了嗎？事實上，問題往往不在於「機會不來」，而在於我們自己「錯過機會」。

艾略特說：「人生的黃金時刻迅速流過我們身邊，我們所見到的只是沙土；天使曾經造訪我們，我們卻在祂們離去之後才知曉。」

人生處處充滿了機會，但若只從名利、事業、權位的角度來界定機

會，未免過於浮面。一個先天性悲觀的人是否有「機會」掃除消極的情緒？一個備受壓迫的人是否有「機會」平衡扭曲的心態？一個力求自重的人是否有「機會」超越虛榮、頑固與僥倖等陋習？人生最寶貴的機會，是挖掘內在的張力與衝突，展現自我的真面目，然後誠心地接受它。這是今日浮華囂傲、動盪不定的社會中，一個人首先要掌握的機會。

認識你是誰，你能做什麼，以及你能如何施展全力，即是第一步機會。接著即應自重自強、革新動員、警覺而謹慎地留意時機的來臨。不止是留意，更要進而「創造」機會，因為你已經具備走向機會的條件。於是危險隨時可以轉為再起的契機，失敗隨時可以化為成功的先聲，挫折也隨時可以引發令人滿意的壯舉。重要的是：你必須認清自己、欣賞自己、支持自己，並且鼓勵自己度一個完美的人生。不必顧慮別人怎麼想，也毋須擔憂未見的災難。

誰是探險家？敢於向猶疑不安挑戰、勇於追尋新的地平線的人即是！假使哥倫布曾在一四九二年對自己說：「萬一有暴風雨怎麼辦？」或者「我可能會患壞血病，還是不去算了！」新大陸恐怕不是今天的面貌。誰是發明家？能見人之所未見、能感受生動創造力的人即是！假使愛迪生像常人一般地粗心大意、坐失良機的話，恐怕科技的進展要延後很長的時間！因此，睜開眼睛看看：你有限制、你有挫折，但是你也有機會，你仍然具備創造的潛力。你可以探險、可以發明、可以調適；你在某一意義下，就是哥倫布、就是愛迪生。

誰給你這些權利？你自己。因為你尊重自己、愛惜自己、了解自己、實現自己。你的機會到處都是：因為你已經先掌握了自我，於是機會必將如影隨形，環繞你身邊。

第二十九把鑰匙

良好人際關係的祕訣

我們活在世界上，經常要問「憑什麼？」我們遇到困難，發現自己無法解決的時候，會希望自己的朋友、同學、老師或父母幫我們的忙，做我們的靠山。但是，他們那麼容易就會伸出援手嗎？憑什麼？如果老是向別人要求的話，誰願意一直幫助你呢？因此，在這個時候就要注意到，我能夠給別人什麼，跟別人能給我什麼，是相互的。平常不燒香，臨時抱佛腳，是沒有用的。

在人生過程中，一定會碰到許多困難不是我們獨力能應付的，需要別人給予支持或協助，而我們平日如何經營人際關係、建立人脈，對我們人生路上的顛簸或順暢，具有很大的影響。

我們如何才能使自己擁有美好的人際關係呢？以下提供三點建議：

一、**要結緣**

譬如我去赴一場演講，我自己認為就是結緣。可以認識很多新的朋友，這些人至少知道我的基本觀念是什麼，這是結緣。結緣是一種機會，有時候很難勉強製造，碰到了就要高高興興；這是結緣，所謂的善緣。茫茫人海中能聚在一起真是有緣，能在人類整個歷史上、在這個時代、在這個地方見面，那是很大的緣分。

二、**要惜緣**

惜緣就是所謂的惺惺相惜，要珍惜這種緣分，因此在珍惜的過程裡，往往為了這份緣而使自己有些犧牲。跟別人互相之間做些妥協，這是難免的情況。但若是以自我中心，要求什麼都聽我的、順我的意，那還惜什麼緣呢？

三、要隨緣

隨緣就是不要勉強別人，別人可以幫忙就幫忙，不能幫忙也不要勉強。有時候被人拒絕，可能是自己在人際關係上的努力還不夠。此外，若習慣依靠別人幫忙，恐怕也讓自己養成惰性，不會學習成長了。

人性是很複雜的，他人與自我所構成的人間世界，比萬花筒還要繁複多變，窮達順逆難以預料，恩怨離合更是無常。這個時候，惟有「誠」之一字是光明大道，甚至可以說是「一誠解千惑」了。人與人之間若能以「誠」相待，尊重彼此互為主體，相處時抱持「以他人為目的，而不以他人為手段」的態度，不虛偽、不做作，則所謂「精誠所至，金石為開」，所有的問題都會減到最低，也可避開不必要的困擾，則美好的人際網絡必會慢慢的建立起來。

第三十把鑰匙

管理時間三原則

生命隨著時間而開展，誰能有效管理時間，誰就能具體把握生命。那麼，如何達成時間管理的目的呢？以下提供三個原則：

一、編列時間預算

這是指對時間要有預算觀念。正如我們估量經濟預算一樣，當我們想買房子前，會先看自己有多少預算，若超出預算太多，也就只能畫餅充飢了。那麼，時間如何作預算呢？回想一下，過去一年自己的時間用在什麼地方，比例大致如何？其次，在人際相處方面，包括親人、朋友、同事、一般社交等，是如何分配時間的呢？

現代人最常面臨的壓力，常是來自於時間不夠用。因此有效管理時間，就是有多少時間做多少事，妥善分配，一次只做一件事。若是做一件事時還心不在焉的想其他待做的事，則難免陷於莫名的焦慮，甚至導致失敗。

二、排出優先順序

我們不可能什麼都要，也不可能什麼都做。越重大的目標，需要越長的時間去經營。所謂「一分耕耘，一分收穫」，

意思是鼓勵人腳踏實地去努力；但是，人生的重大目標往往是到了最後關頭才能決定成敗的，在此之前可能要犧牲許多享受或小成就。孔子說：「欲速則不達，見小利則大事不成。」我們在平日耕耘時，也無法計較當下的收穫啊！

因此，必須謹慎的從各項目標中排出優先順序，同時選定自己的人生最高目標。以我在美國念書為例，當時的目標是取得學位，於是所有的作息都調整到有利於這個目標的軌道上。我寫的每一篇讀書報告都直接或間接與博士論文有關，而閱讀的每一篇作品也都不離這個範圍。至於其他有興趣的事，則一概擱下，等四年以後再說。四年雖短，也是一生的寫照。我們越早確定自己這一生最重要的事，就越能定出其他目標的先後順序。唯有如此，才能充分掌握時間。

三、講求效率

不妨想一想，我們花在猶豫與後悔的時間有多少？為了減少猶豫，必須先認清自己的限制。凡是能力之外的事，立即拒絕；能力之內的事，要看自己是否喜歡以及是否值得去做。為了避免後悔，則須認真從經驗中學習教訓，以求下一次可以改善。稍一不慎，就可能陷入「螞蟻雄兵」的困境，亦即被許多瑣碎的小事所束縛，以致無法朝著既定目標前進。

時間的管理並不複雜，要運用得當卻不是一件容易的事。妥善掌握以上三個原則，養成良好的時間管理習慣，當自己藉由有效地利用時間而獲得一點一滴的成果時，也象徵著我們正朝向人生的理想目標大步前進。

如果以「作用」來取代一個人的全部，以「功能」來代替意義的話，就看不到完整的人了。

「快樂」並非遙不可及的幻想，而是隨時圍繞在你、我身旁的機會。只要我們稍稍調整心態，這些機會就會出現。如何調整呢？一要隨緣，二要惜緣。若能隨緣，則雖處身惡劣環境，也能體會「君子居之，何陋之有」的樂趣。若能惜緣，則可明白「一沙一世界，一花一天堂，一葉一如來」的勝境，絕非虛語。如果一個團體的人都能有類似的心態，他們之間不是像兄弟姊妹一樣嗎？

第三十一把鑰匙

打造一個全新的自己

「打造一個全新的自己。」聽起來像是塑身廣告，而事實上認真去想，不正代表了大多數人的願望嗎？問題是，如何做到呢？

最簡單的方法是配合身體機能的新陳代謝。譬如，我在運動時滿身大汗，稍作休息再洗個澡，就會覺得自己既乾淨又清爽，同時還有一股清新的氣息。又如，勞累工作一天之後，早些上床睡覺，翌日清晨醒來，精神煥發，又充滿活力的繼續追求人生目標。我在美國讀書期間，每日讀書十二小時，睡前一定要聽音樂，舒緩情緒與心思。若不如此，可能早就放棄或崩潰了。

其次，如何在心理上像個新鮮人呢？進入新的學校，加入新的團體，找到新的工作，以及搬家與移民，都會因為環境與人際關係的改變，而有重新出發的機會。

剛考取大學的人在踏進校園的一剎那，在走進教室準備聆聽教授上課的時候，心中有何感覺？那是「新的開始」，代表了希望與期許，混合了憧憬與挑戰。但是，為什麼在短短兩、三年內，竟會有失落的感受？甚至覺得大學生活無聊，以致要到考試前才無奈地翻開書本呢？

剛獲得工作的職場新鮮人也有類似的情形。他們在初上班的時候，打扮得整潔光鮮，鬥志高昂，讓老闆與同仁覺得眼睛為之一亮。但是，為何一年半載之後，菜鳥成了老馬，工作也越來越像是老牛拉車，不僅毫無樂趣，而且成為沉重的負擔？

一個朋友移民加拿大時，我只勸他一句話：「人到中年而移民，正可以重新做人。」意思是不妨由過去的為人處世經驗中，記取教訓，保存自己的優點，修改自己的缺點；到了新的居地，與新的人群交往時，就可以變成讓自己比較滿意的人了。

退一步思考，如果長期住在家鄉，雖然較有安全感，但是人際相處的關係已固定，彼此之間的印象也定了型，即使自己想要力圖振作，甚至洗心革面，卻未必能突破周圍人們的刻板觀念。有些老人家對年輕人說：「我是看著你長大的。」言下之意是這個年輕人再怎麼努力也沒有用。

創新，的確是一件很不容易的事。但是難道一個人必須一再換工作、投入新的環境，才能維持旺盛的活力嗎？

胡漢民說：「唯讀書益人神智。」是指書中有新的觀念與思想，如果養成每天讀書的習慣，在新知的陶養下，我們就像換一副眼鏡看世界，以新的心態和視野去看待周遭的人與事。當內心處於成長的狀態，自然就不會感覺自己老化了。身體是有機體，再怎麼保養也不可能青春永駐，但心理能量卻有無限開發的空間，這也是人類作為萬物之靈的特色之一。充分運用及發揮此一特色，活力就會源源不絕，人生也將日新又新。

5 實踐理想的人生

第三十二把鑰匙

從自我訓練開始

喜歡打橋牌的人，大概都會同意：「成功的人生並不在於握有一手好牌，而在於把一手壞牌打得可圈可點。」

人在失敗的時候，很容易自怨自艾，悲嘆自己的能力不如別人；要是長期處在逆境的話，恐怕更是怨天尤人，甚至認定自己一無是處了。

「天生我材必有用」。成功之道，首在認識自己。我們且先看一個人的自述：

「我沒有任何專長，每一方面都屬於中間水準。有的比水準稍高，有的比水準稍低。譬如體能方面，我跑得不快，游泳也勉強；騎馬比較內行，但是離賽馬的技術還很遠。我的眼力很差，射擊往往落空。因此在體能方面，我只是泛泛之輩。在文藝方面，亦復如此。我這一生雖然寫過不少東西，但是每一篇文章都塗塗改改，苦不堪言。」

這樣平凡的人實在不稀奇，究竟他是誰呢？居然是連任美國四屆總統的羅斯福！

羅斯福的自知之明，當然不只是上述兩方面；他還知道自己傾向於公眾事務、喜歡組織與領導。他的成功關鍵還在於訓練自己的性向與能力，使其充分發展與盡情發揮。成功絕不能依賴運氣，必須靠自己日積月累的努力，積燃成炬，閃耀光輝。

一九三二年奧林匹克世運會的英雄之一，是美國的女子選手蔡含瑞，她獨得八十公尺高欄與標槍雙料冠軍、跳高亞軍。世運會後，她轉習高爾夫球，不數年即勇奪美國與英國兩項業餘大賽的冠軍。許多人在讚嘆之餘，難免會說：「她是個天生的運動家，注定要得冠軍的。」

　　但是蔡含瑞怎麼學習高爾夫球的呢？首先她分析球桿的揮力、研究球速及曲線，加上每日練習十二小時，平均每天擊出一千球，一直練到球桿都握不住為止。這是她成功的代價！這樣的人得到冠軍，並非上天注定，而是她自己爭取成功的。問題是：為什麼要如此奮鬥？

因為目標值得我們全力以赴，因為光明的遠景可能成為事實！居禮夫婦在發現鐳元素之前，連續四十八個實驗都失敗了，居禮先生頗為洩氣。居禮夫人說：「縱使再過一百年才能找出這個元素，我只要活著一天，就絕不放棄這個實驗。」結果當然是令人振奮的。

明確的目標可以使生命變得單純，同時使能力集中焦點。柔和的陽光透過放大鏡的焦距，可以立時倍增溫暖，甚至點燃木材。人的能力也需要凝聚、需要錘鍊，才能使生命放出耀眼的光輝。

第三十三把鑰匙

乘著理想之翼

理想與現實有一段距離。理想不是現實，但是沒有理想的話，現實將變得單調乏味，甚至讓人無法忍受。

年輕人容易孕育理想並欣賞理想，因為他有一顆年輕的心，能夠常以新鮮的眼光看待世界與人生，然後憧憬著一幕幕美好的、彩色的未來。

理想是現實的方向與動力；因為現實處在時間之流中，必須不停地前進，但是往哪裡去以及如何去，則須理想的合作。一切的發明家與改革家，最初都是理想家，甚至夢想家；但是重要的是：他們相信這樣的「夢」有一天會實現，然後全力以赴。哥倫布假使不曾夢想著另外一個世界，就無從發現新大陸。哥白尼假使不曾夢想著無窮極大的宇宙，就無法證明地動說。釋迦如果不曾夢想著一個清淨無染的涅槃勝境，就無法開啟佛教的各宗各派。還有數不清的作曲家、雕刻家、畫家、詩人、賢哲與聖人，也都可以說是催生美麗新世界的功臣。

對個人而言，假使珍愛自己的憧憬，珍惜自己的理想，珍念那讓自己內心悸動的音樂，那讓心靈沉醉的美感，那讓心思纖巧的愛意，那麼人生自然會充滿了歡愉，世界自然會充滿了光輝。即使現實生活未如人意，也將變得易於承受，而且還會日益美好。

「你們求，就會得到；你們敲門，就會給你們開。」這句耶穌的話雖然具有深刻的宗教含意，但是放在實際人生來看的話，也很有啟發作用。那麼何不敲敲理想的門呢？理想是現實的初萌，是未來現實的預見。因為一個人不太可能在內心千帆並張時，卻在外表毫無動靜、守株待兔。

若渴望更美好的生活環境、更高潔的精神境界、更寬闊的意識層面，那麼何不動員一切的潛能與資具，腳踏實地的說做就做。隨著潛力的發揮，機會一一出現，理想總有實現的時候。

怠惰的人、無知的人、不思的人往往只能看到事情的效果，而忽略了事情的本身。他們喜歡談論時運與機會；看到張三發了財，他們說「他運氣真好！」看到李四念書有成，他們說「他天分真好！」他們忽略了這些成功者曾經遭遇多大的試煉與失敗，付出了多大的犧牲與代價。

堅持著一個「尚未實現的夢」，歸根究柢正是一切奮鬥與努力的能源。有形的能源有開鑿殆盡的時候，但無形的能源永不枯竭。艱苦的現實並不可怕，可怕的是沒有理想。同樣一座池塘，可能成為一泓死水，也可能充滿著盎然生機。

「幸福」往往被視為理想的狀態，好像擺脫了一切壓力。這樣的幸福其實並不存在。真正的幸福必有自我擔負，亦即肯定自我在某些方面的責任與期許。離開了責任與期許，幸福是空洞的。孟子曾經說過，君子有三樂：一是父母俱存，兄弟無故；二是仰不愧於天，俯不怍於人；三是得天下英才而教育之。這三者分別對應於人的自然天性、道德理想與人群關懷。卡繆所謂「幸福不是一切，人還是責任」，要以責任滿全幸福，正是出於類似的體認。

第三十四把鑰匙

成功藏在細節中

人往往好高騖遠，喜歡成大功、立大業，疏忽了「行遠必自邇，登高必自卑」，不肯踏實的注意細節。一位法國名廚說：「假使我沒有這幾把快刀的話，還不是跟一般廚子一樣？」這正是注意細節的好榜樣。

注意細節也不能太過極端，成為「見樹不見林」，甚至「見秋毫之末而不見輿薪」。我們所強調的毋寧是一種「謹慎」之德；古希臘羅馬時代的人喜歡講究品德，而公認的諸德之首則是「Prudentia」，亦即

「謹慎與明智」，因為謹慎與明智常是相輔相成的，甚至是不可互缺的。

有人以「成大事者不拘細行」與「大德不踰矩，小節出入可也」來為自己的粗線條作風辯白，但是卻忘了先反省自己是否具備大德，是否「成大事者」。

《聖經》上記載一個憑著細心謹慎，而改造命運的故事。一位精明的管家把主人吩咐的瑣事都辦得非常妥當，一段時間後，主人對他說：「你既在小事上忠信，我必可託你大事；你去負責治理十個城市吧！」

醫師疏忽了細節，可能使病人喪命；律師疏忽了細節，可能使好人蒙冤；在牧師眼中，卻沒有細節可言，因為凡與人靈有關者，皆是重大之事。

注意細節，是負責與謹慎的表現；一個負責而謹慎的人，總是更接近成功的。

第三十五把鑰匙

堅持的神奇力量

失敗，往往是「半途而廢」所造成的；雖然說，失敗為成功之母，但是半途而廢的失敗卻很難有翻身的機會。任何事情，越是到了最後關頭，越要沉得住氣，堅持下去，然後才有可能成功。

一九四二年，三個青年結伴到委內瑞拉的一處河床採集鑽石。他們辛勞數月後，仍毫無所獲。其中一人名叫索拉諾，在極度的困頓沮喪中向同伴說：「我放棄了，再找也沒用。你們看這塊鵝卵石，這是我撿的第九十九萬九千九百九十九塊石塊，但是從未出現半顆鑽石。再撿一塊就滿一百萬了，但是又有什麼用呢？我不幹了。」同伴之一說：「你就乾脆再撿一塊，湊滿一百萬算了。」索拉諾俯身撿起一塊石頭，說：「好吧！這是最後一塊了。」但是這塊雞蛋大小的石頭卻出奇的沉重，他再仔細一看：「天啊！真是一塊鑽石！」

這塊鑽石後來以二十萬美元賣給紐約的珠寶商，琢磨之後，名為「自由之星」，是當時所見最大最純的一顆鑽石。索拉諾發財了，但是他的最大收穫卻是一項親身體驗的真理：堅持到底，才能成功。

與其說「失敗為成功

之母」，不如套用我的中學母校恆毅中學的校訓：「恆為成功之本，毅乃失敗之敵。」恆心與毅力的確是成功人生的必備條件。

「人們並未失敗，只是放棄嘗試而已。」放棄嘗試就是半途而廢，也代表了最徹底的失敗。成敗之間的差異，並不在於錯誤的開始，而在於錯誤的停止。不管你跑得快或慢，一旦止步就注定必輸。在人生的旅途上，成功往往是最後幾分鐘的堅持所帶來的。所謂「行百里者半九十」正可說明這一點。

成功不能光靠運氣，也不能在半途期望奇蹟或意外發生，而必須腳踏實地克服困難、堅忍圖強。「黎明前的黑暗」是特別幽深、特別寂靜的，彷彿希望已經幻滅、生命已經屈服；但是再過片刻之後，必然可以見到曙光初露、朝霞升起，又是一個美好的世界。越是在黑暗中堅持到底的，越能感受到陽光之亮麗與成功之欣喜。

第三十六把鑰匙

接受命運、超越命運

對於命運的問題，希臘一位哲學家赫拉克利圖說得好：「人的性格就是他的命運。」我經常給台大畢業生題字的時候，題這句話，但是我個人再添加了下半句：「人的性格就是他的命運；因此你要改變你的命運，就要改變你的性格。」下半句是我推衍出來的心得。換句話說，性格就是命運，因此，要改變命運就要改變性格。

改變性格是可能的，性格包括性向與風格。性向是天生的，風格是後天培養的，例如教育就是培養風格。所以我們在受教育的過程中，會慢慢改變自己的風格。性向與風格合起來，便構成一個人的性格。

人活在世界上，不是純粹被動的接受命運，而是要在接受命運後，繼而超越命運。那麼，如何超越呢？我們可以透過對性格的了解，而超越自己的命運。事實上，我們也可以發現，所有的命運都來自性格。很多人覺得自己的命不好，其實是他的性格不好，所以造成一種比較壞的命運。而有些人說他的命運比較好，但是我們不可忽略那真是性格好，所以可以把一個非常苦難的情況，變成非常快樂的感受。顏淵就是一個很好的例子。孔子講得非常清楚：「一簞食，一瓢飲，在陋巷，人不堪其憂。」別人都覺得憂愁得不得了，活都活不下去了，但「回也不改其樂」，實在是了不起，他照樣很快樂。我們要上館子吃飽喝足才會快樂，但顏淵吃那一簞食、一瓢飲，他照樣跟別人從大飯店出來一樣快樂。這是孔子學生裡很令人佩服的一位。

另外一位也值得我們尊重的就是子路。有一句話我特別佩服，孔子說他：「衣敝縕袍，與衣狐貉者立，而不恥者，其由也與？」穿著破破爛爛的衣服，跟著那些穿著漂亮皮草的人站在一起，絲毫不覺得慚愧的，就是子路。

每一個人都需要穿衣服，都需要吃飯，如何從這外面來判斷一個人所憑藉的條件？孔子兩個學生有這樣的表現，讓我們讀《論語》的時候實在佩服。所以我們可以透過改變性格，而使整個命運也得到改變，超越命運的限制。

第三十七把鑰匙

成功的代價

成功者的榮耀是大家所羨慕的，但是成功者背後的奮鬥過程才是值得我們深思的。

一項研究指出，二十世紀最傑出的四百位人物中，有四分之三曾在青少年時代遭遇悲劇、殘疾或重大挫折，但他們力爭上游，克服困難，終於能成大功、立大業，造福廣大人群。在生命之流中，若沒有巨石當道，就激不起飛揚的浪花。人的無限潛能，也往往在面臨險阻災厄時，展現驚人的異彩。這種情形說明了危險也可能是一個機會，甚至可以說是危險帶來了機會。因為危險使人戒慎怵惕、產生求生意志、激發戰鬥勇氣——這些心理狀態是掌握成功機會的先決條件。

對於生活在富裕安定社會的青少年，是否就不會有類似的危機呢？是否就離成功更遙遠了呢？

按美國一項統計指出：父母對於子女想要的東西，購買的比例是百分之五十；這個意思是說，子女所要的兩樣東西中，可以得到一樣；至於父母自己想要的東西，購買的比例卻只有百分之十，十樣東西中只得到一樣。子女在這種環境下長大，很容易養成「不勞而獲」的心理；更糟的是，他們永遠不會了解：生命中真正重要的，並非由外而來之物，而是由內而發之物。他們只有危險而沒有機會；他們很少遭遇拒絕，更少遭遇挫折，因此內在的真正自我並未隨著年齡而獲得應有的鍛鍊與茁壯。等到子女長大自立時，恐怕要付出數倍於正常情況的代價，才有成功的可能。這實在是「愛之適足以害之」。

富裕安定的社會，與危機並不衝突，因為富裕安定必須靠人去維持與發展，否則誰能保障它的未來？但更需重視的是「內在的危機」：一個人的心靈、意志、見解與情感是否成功、自主，並充滿創造的生機？這種內在的危機是人人都必須經歷的，也是任何時代、任何社會的人所共同享有的經驗。「成功」是每一個人無法逃避的使命，因為成功的根本意義即是成長，成為一個真正的人。

怎樣才算一個真正的人？這個問題自古以來就是哲學家的最大挑戰，結果卻是言人人殊。儒家的辦法非常完備：兼採外塑與內發二途。

一方面樹立典型，「祖述堯舜，憲章文武」，讓人取法乎上；另一方面肯定人性的向善潛能可以引而出之，終成聖賢。孔子曾經自承：「吾少也賤，故多能鄙事。」進而主張困知勉行，發憤自強，不知老之將至！成功的代價即是生命試煉的過程：表面看來非常辛苦，但是內在的寧靜與喜悅卻是永恆的。

有什麼觀念，就有什麼行為；有什麼行為，就有什麼習慣；有什麼習慣，就有什麼性格；有什麼性格，就有什麼命運。

第三十八把鑰匙

辨識成功的幻象

有人把成功比喻為善變的女神；當我們自以為獲得她時，其實正好失去了她。這種情形可以從兩方面來說明：一是安於小成，二是自欺欺人。

「安於小成」可以有兩層意思：一是安分知足，一是止步不前。安分守己與知足常樂是正確的人生態度，但是止步不前就有鬆懈鬥志、安於逸樂的危險。我們所擔心的正是後者。小說戲劇中常見的主題，就是人生的暴起暴落，像是人忽得橫財，卻又遭來橫禍，「眼見他起高樓，眼見他樓塌了。」這正是受了成功之幻象所誤。「一個實驗做成了，並不表示所有實驗都會成功；青年時代嶄露頭角，並不保證未來必定輝煌。人生是一個旅途，更好說是一番長程賽跑，暫時領先就志得意滿的話，恐怕最後還是會落敗的。

拿破崙說：「最危險的時候，就是勝利的時刻。」因為勝利會把人沖昏頭，以為天下就此太平，人生就此無憂。殊不知只要人活著一天，就有新的問題、新的情況出現；稍一不慎，便會萬劫不復。拿破崙本身就是一個典型的例子。成功之網，必須不停地織下去，否則一扯即破，前功盡棄。人生是逆流而上的奮鬥過程，不進則退。所謂「生於憂患，死於安樂」正是提醒人們要不斷的進取、精益求精，以達到最後真正的成功。

至於自欺欺人，更是常見的成功幻象。譬如現代社會工商發達，一般人常以經濟水平來衡量成功與否，就是以賺錢多少來判斷一個人的價值。於是，有錢人幾乎變為成功者的代名詞了。但是，有錢人捫心自問，卻往往發現：雖然「別人」都說他成功，自己卻沒有嘗到成功的滋味。因為在財富、名位、權勢這些現實成就與幸福之間，還有一段無形的距離，必須靠自己去跨越。

托爾斯泰在《一個人需要多少土地？》中，述說了一個故事。俄國農夫巴可姆，相信他的成功在於擁有廣大的土地。終於機會來了，某一貴族答應他，只要從日出跑到日落，則所圈起的土地都屬於他。巴可姆興奮極了，第二天朝曦初現就往前疾奔，既不停下來進食，也不停下來休息，等到夕陽西下時他步履蹣跚地跑完了一個大圈子。這真是他一生夢想的實現啊！但是就在此刻，他衰竭而死。這個無情的故事，提醒我們要由自己主宰，不要完全仰靠世俗的標準，以致淪為成功之幻象的犧牲品。

第三十九把鑰匙

走向成功人生四步驟

在一個暑假開始時，我接到兩個學生的電話，希望與我當面詳談。我分別安排時間約見他們。出乎意料之外的是，這兩位台大高材生都有相同的意念：想要自殺。我不是心理醫生，所以只能憑藉自己的經驗、知識與熱忱，努力疏導他們這種可怕的意念。我也許可以幫他們暫時把問題擱置下來，但是否能化解，則須靠他們自己起信生智了。

他們的人生剛開始，又有燦爛的遠景，為什麼卻判斷自己是個失敗者，想要結束生命呢？我由此想到「成功人生」的基本觀念，值得一再闡明。

成功有兩個標準，一是外在，二是內在。外在標準難免遷就於現實世界既成的評價，如名利權位，因此清楚顯示了僧多粥少的現象，只有極少數人可以成功；不但如此，每一個成功的人腳下，都踩著許許多多人的心血，簡直就是「一將功成萬骨枯」的寫照。如果只有這種外在成功算數，那麼人生只是一場鬧劇，因為「浪淘盡，千古風流人物」，一切終歸幻滅！

那麼，什麼是成功的內在標準呢？有了內在標準，是否又可以留下一些什麼？試看「人生自古誰無死，留取丹心照汗青」，這句詩就在某一層面同時答覆了以上兩個問題。用今天的話來說，成功的內在標準就是自我評價：自己對自己的滿意程度。天下最尷尬的事，莫過於別人給你掌聲，你卻自覺失敗。真是情何以堪？

如果明白成功的內在標準的重要性，那麼立即可以肯定的，就是人人都可以成功。這種成功有如海闊天空，「萬物並育而不相害」，不論多少人成功，都不會有任何衝突爭鬥，反而可以相輔相成，攜手造就一個更美好的世界。但是，這種內在成功並非光靠當頭棒喝就可以「一語驚醒夢中人」，也不僅是心態上的簡單轉變就可以奏效的。它需要腳踏實地的採取四個步驟：

一、不斷地設定明確的目標，督促自己去達成

這些目標可以是外在的，如考試、升學、運動、比賽等；也可以是內在的，如要求自己讀書、思考、少發脾氣、多關心別人等。有了目標，生命就有焦點，可以凝聚物質及精神能量，發出熱力，完成目標。就像放大鏡一樣，可以將柔和的陽光收束為灼熱的火燄。只要用心去做，那麼再小的事情也有價值。這種價值在別人眼中也許不算什麼，但是對自己則是生命力量的證明，是向上伸展的契機。一株小草掙開泥土，尚且值得我們歌頌，何況我們的所作所為呢？希臘有句名言：「宇宙萬物之中，以人的存在最值得驚奇！」我們本身是神奇的存在，因此

不必妄自菲薄。在設定目標時，也要在平實中孕生自重之感。

二、要辛勤耕耘、全力以赴

這一點是追求內在及外在成功都不可少的條件。只有付出代價的人，才能感受成功的欣喜。美國一項調查發現，生長在富裕之家的人，到了中年以後，特別容易覺得人生乏味，因為他們的一切是由繼承得來，而非由自己奮鬥得來。沒有挑戰，就沒有成長，內心世界的潛力如果抑遏不伸，難免產生自我厭煩。如果以工作為自我實現的過程，那麼何必在乎是什麼工作呢？我們常說「工作沒有貴賤，人格才有高低」，實在含有至理。只要是一個可以讓人全力以赴的，就是好工作。

三、自得其樂

辛苦工作之餘，也要讓自己能「自得其樂」。我記得在美國念書時，因為想在四年之內念完學位，所以身體與精神兩方面都備受壓力，幾乎不能支撐下去。當時我常想自己是過了河的卒子，不能回頭，萬一失敗就無顏見江東父老。現在想起來，雖然可以同意卡繆所云：「輕輕地撫摸傷口，竟也成為一種樂趣」，但是仍然為自己的傷口沒有大到不可收拾而慶幸。現在，我比較可以在繁重的工作壓力的空檔，與三五好友小聚，或是聽音樂、看電影，享受片刻的自在，如此一來，更會覺得努力是值得的。

四、提升心靈

隨著人生目標一一實現，我們自然會心胸日益開闊。在這方面，需要多讀書，參考前人所立的典範，以免局限在自己

狹隘的時間空間裡。一個有志氣的人，應不斷的自我超越，以當代第一流人才為取法對象。王陽明十二歲時，就領悟了「讀書成聖賢是第一等事」，因為這種境界最難達成，最具挑戰性，最能激發人的潛力，同時也最不會與他人產生不必要的衝突。不僅如此，提升心靈還是人人可以達成的。

如果以上述四個步驟來自我期許，那麼就會對自己日漸滿意，感到自己的人生日益充實，並覺得每一分每一秒都是令人欣喜，值得珍惜的。

即使擁有全世界，你仍然不能沒有希望。沒有了希望，就沒有了一切。

第四十把鑰匙

與希望同行

巨大的天災人禍，對人們造成心理上的創傷是難以想像的。創傷若是未能平復，人就變得特別脆弱。根據一項調查顯示，第二次世界大戰的美軍戰俘中，相信自己會得救而懷抱希望的人，要比那些認為返鄉無望者所受的心理創傷輕微得多。由此可見，希望是人生不可或缺的藥方。那麼，如何孕育希望呢？

我在美國耶魯大學念書的四年期間，生活非常單調，並且壓力沉重，現在回想起來，好像在監獄服刑。讀書本來是一件愉快的事，加入考試與學位，就變成磨練了。我的生活範圍總是局限在宿舍、教室與圖書館間。週末可以「放風」，就逛書店，買些勵志作品來看。當時我的心理對策是：藉著「回憶」過去美好的經驗，與「瞻望」未來美好的前景，然後咬緊牙關「面對」現在嚴格的考驗。因此，希望不是全靠一廂情願的幻想，而要以個人的生命歷程為地圖，找出當前的座標，認清自己從何處來，往何處去，那麼對於現在的一切就可以看開一些。

我的女兒在國中三年級時，居然告訴我，她崇拜的人是孟子。我聽了非常驚訝，問她是怎麼回事。她說，國文老師介紹了一段孟子的話，讓她十分感動。這段話是：

「天將降大任於是人也，必先苦其心志，勞其筋骨，餓其體膚，空乏其身，行拂亂其所為，所以動心忍性，增益其所不能。」

當時她正面臨升學考試的壓力，學習這段話之後，為自己的苦難找到了冠冕堂皇的理由：原來是上天將會給她大任。既然如此，再辛苦些也是應該的。

在孟子來說，這段話代表他個人的信念。信念之中必有希望，亦即在不久的將來可望實現這個信念。仔細考察每一位成功人士的心路歷程，都會發現他們「與希望同行」，不管處在何等惡劣的情況下，都不會放棄希望。法國作家莫泊桑說：「人生活在希望之中。舊的希望實現了或泯滅了，新的希望烈焰隨之燃燒起來。如果一個人只是過一天算一天，什麼希望也沒有，他的生命實際上已經停止了。」

英國哲學家培根引述一位詩人的話說：「人人都可以成為自己的幸運之建築師。」與其羨慕別人的成就，不如創造自己的幸運。即使希望一個個落空，也要站穩腳跟，繼續構想其他的可能前景。但是，要由經驗中記取教訓，避免好高騖遠，並且不斷改善自己的條件，增加自己的競爭力。最後則須記得：為了希望而奮鬥的「過程」往往比實現希望的「結果」，更值得我們自豪。

國家圖書館出版品預行編目資料

掌握人生希望的40把鑰匙 / 傅佩榮著. -- 初版. -
台北市：幼獅, 2013.06
面；　公分. --（散文館；3）

ISBN 978-957-574-912-5（平裝）

1.自我肯定 2.自我實現

177.2　　　　　102009023

・散文館003・

掌握人生希望的40把鑰匙

作　　者＝傅佩榮
繪　　者＝嚴凱信、張靖梅
出 版 者＝幼獅文化事業股份有限公司
發 行 人＝李鍾桂
總 經 理＝王華金
總 編 輯＝劉淑華
主　　編＝林泊瑜
編　　輯＝朱燕翔
美術編輯＝李祥銘
封面繪圖＝嚴凱信
總 公 司＝(10045)台北市重慶南路1段66-1號3樓
電　　話＝(02)2311-2832
傳　　真＝(02)2311-5368
郵政劃撥＝00033368

門市

・松江展示中心：(10422)台北市松江路219號
　電話：(02)2502-5858轉734　傳真：(02)2503-6601
・苗栗育達店：36143苗栗縣造橋鄉談文村學府路168號（育達商業科技大學內）
　電話：(037)652-191　傳真：(037)652-251

印　刷＝錦龍印刷實業股份有限公司
定　價＝220元
港　幣＝73元
初　版＝2013.06
書　號＝986255

幼獅樂讀網
http://www.youth.com.tw
e-mail:customer@youth.com.tw

行政院新聞局核准登記證局版台業字第0143號

幼獅文化公司／讀者服務卡／

感謝您購買幼獅公司出版的好書！
為提升服務品質與出版更優質的圖書，敬請撥冗填寫後（免貼郵票）擲寄本公司，或傳真（傳真電話02-23115368），我們將參考您的意見、分享您的觀點，出版更多的好書。並不定期提供您相關書訊、活動、特惠專案等。謝謝！

基本資料

姓名：……………………先生／小姐

婚姻狀況：□已婚 □未婚　職業：□學生 □公教 □上班族 □家管 □其他

出生：民國……………年……………月……………日

電話：（公）……………（宅）……………（手機）……………

e-mail：……………………

聯絡地址：……………………

1.您所購買的書名：**掌握人生希望的40把鑰匙**

2.您通常以何種方式購書?：□1.書店買書 □2.網路購書 □3.傳真訂購 □4.郵局劃撥
（可複選）□5.幼獅門市 □6.團體訂購 □7.其他

3.您是否曾買過幼獅其他出版品：□是，□1.圖書 □2.幼獅文藝 □3.幼獅少年
□否

4.您從何處得知本書訊息：□1.師長介紹 □2.朋友介紹 □3.幼獅少年雜誌
（可複選）□4.幼獅文藝雜誌 □5.報章雜誌書評介紹……………報
□6.DM傳單、海報 □7.書店 □8.廣播(　　　　)
□9.電子報、edm □10.其他……………

5.您喜歡本書的原因：□1.作者 □2.書名 □3.內容 □4.封面設計 □5.其他

6.您不喜歡本書的原因：□1.作者 □2.書名 □3.內容 □4.封面設計 □5.其他

7.您希望得知的出版訊息：□1.青少年讀物 □2.兒童讀物 □3.親子叢書
□4.教師充電系列 □5.其他

8.您覺得本書的價格：□1.偏高 □2.合理 □3.偏低

9.讀完本書後您覺得：□1.很有收穫 □2.有收穫 □3.收穫不多 □4.沒收穫

10.敬請推薦親友，共同加入我們的閱讀計畫，我們將適時寄送相關書訊，以豐富書香與心靈的空間：

(1)姓名……………e-mail……………電話……………

(2)姓名……………e-mail……………電話……………

(3)姓名……………e-mail……………電話……………

11.您對本書或本公司的建議：

廣　告　回　信
台北郵局登記證
台北廣字第942號

請直接投郵　免貼郵票

10045 台北市重慶南路一段66-1號3樓

幼獅文化事業股份有限公司

請沿虛線對折寄回

客服專線：02-23112832分機208　傳真：02-23115368

e-mail：customer@youth.com.tw

幼獅樂讀網http：//www.youth.com.tw